BEENE DUBBELBOER

Die Angst wirft lange Schatten

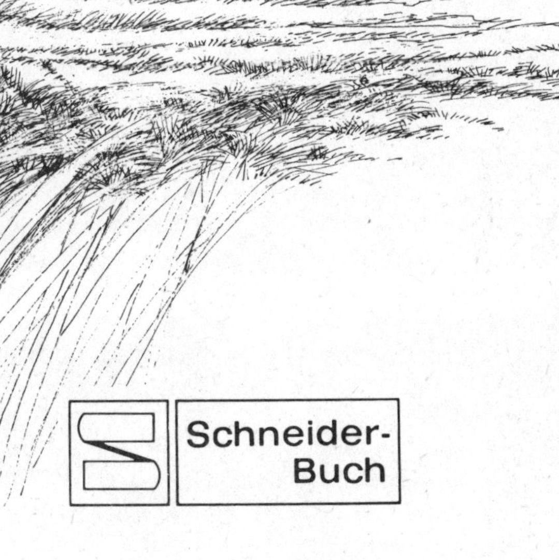

Schneider-Buch

1

„Tor! Hurra!“ Mit hocherhobenen Armen und weiten Luftsprüngen rannte Joel, oder Jo, wie er meistens genannt wurde, ins Mittelfeld. Er hatte einen Treffer gelandet – ein Prachttor.

Weit über das Mittelfeld war ihm von Egbert van Doorn der Ball zugespielt worden. Wie ein Hase war er dann entlang der Linie geflitzt, und Jan Hidding, der Verteidiger der Gegner, hatte keine Chance, mit ihm Schritt zu halten. Ein paar Meter vor der

Eckfahne wollte Jo eine Vorlage geben, aber zu seinem Schrecken sah er, daß keiner seiner Mitspieler erreichbar war. Darum war er nach innen geschwenkt und hatte mit seinem linken Bein den Ball aufs Tor geschossen.

Das war so schnell gegangen, daß Willem Pool, der Torwart, keine Zeit hatte, auch nur nach dem Ball zu greifen.

1 : 0 für Westeinde. Joeltje Meier hatte seine Mannschaft in Führung gebracht.

Das war noch nie vorgekommen. Und nur noch zehn Minuten zu spielen; da gab es noch Möglichkeiten.

Kein Wunder, daß die Oosteinders alles daransetzten, wenigstens den Ausgleich zu erzielen. Aber heute schien ihnen nichts zu glücken. Henk van Buren konnte den Ball wieder in Jos Richtung spielen.

Pech, daß der Ball Jaap Broekmann traf, der ihn stoppte und zum Gegenstoß ansetzte. Das war außerordentlich gefährlich, denn Jaap war ein starker Junge, der obendrein schnell war und vortrefflich spielte.

Mit schnellen Dribbelschritten trieb er den Ball vor sich her. Seine Kameraden, die sofort die Gelegenheit zum Ausgleich sahen, rannten mit nach vorn, um Jaaps Vorlage auszunutzen.

Joel sah die Gefahr und stürmte hinter Jaap her.

Ob der darüber erschrocken war, ist schwer zu sagen – jedenfalls trat er den Ball zu heftig. Für den Bruchteil einer Sekunde verlor er den Kontakt, Zeit genug für den quicklebendigen Jo. Geschickt nahm er Jaap den Ball von den Füßen und griff wieder an.

Toll, wie er den Ball vorantrieb. Das Ding schien an seinen Füßen zu kleben.

Aber da war Jaap auch schon wieder hinter ihm. So dicht, daß Jo unmöglich in eine gute Schußposition kommen konnte.

Doch glücklicherweise war Henk auch noch da. Er stellte sich vor dem Tor auf, und als Jos Vorlage direkt auf seinen Fuß kam, schoß er in das gegnerische Tor. Gerade, als die Turmuhr sechsmal schlug und damit das Spiel beendete.

Die Westeinders waren überglücklich. Das war mal was! Zum ersten Mal ein Sieg über ihre Oosteinder Dorffreunde. 2 : 0.

Voller Freude über den Sieg begannen die Jungen ihre Jacken, die am Rande des Spielfeldes lagen, aufzusammeln.

Auch die Oosteinders suchten ihre Klamotten wieder zusammen, aber bei ihnen war die Stimmung nicht die beste.

Willem Pool, Torwart der Oosteinders, hatte seine Jacke dort hingelegt, wo auch Jos lag. In dem Augenblick, als Jo den Ball niederlegte, um seine Jacke anzuziehen, trat Willem dagegen, so daß der Ball ungefähr zehn Meter weit wegflog.

Jo lachte. „Das war ja'n Prachtschuß, Willem! Hol ihn mir bitte wieder."

Es war ein ungeschriebenes Gesetz, daß der Junge, der den Ball aus dem Spielfeld geschossen hatte, ihn auch wieder holte.

Aber Willem, der noch an seiner Niederlage knabberte, hatte es nicht eilig. „Du kannst mich mal", sagte er geringschätzig. „So 'n klasse Spieler wie du kann doch selbst laufen. Das ist gut für die Kondition."

Jo hatte immer noch nicht kapiert, daß Willem Streit suchte. „Stimmt", antwortete er, "und deshalb holst du ihn. Du hast dich heute nicht mit Ruhm bekleckert. Zweimal nicht gehalten. Dagegen mußt du was tun!"

„Willst du etwa behaupten, daß ich ein schlechter Torwart bin?" fragte Willem mit drohender Stimme.

„Jedenfalls nicht so gut, daß du die beiden Bälle gehalten hättest", ärgerte ihn Jo. „Nun hol schon den Ball, das hält die Muskeln locker!"

„Ich lasse mich nicht von dir herumkommandieren", rief Willem. „Was bildest du dir ein?" Er war schließlich ein Jahr älter als Jo, nämlich dreizehn.

„Gar nichts", gab Jo zurück. Er begriff nun, daß Willem keinen Spaß machte. „Aber du hast den Ball doch weggetreten, also mußt du ihn auch holen."

„Wer sagt das denn?"

„Wer das sagt? Wer das sagt? Wir doch alle!"

„Dann hole ich ihn gerade nicht", schnauzte Willem. „Wenn du deinen Scheißball wiederhaben willst, mußt du ihn dir selbst holen. Sonst bleibt er da liegen! Ist ja nicht meine Sache!"

Jo war nicht so groß und auch nicht so stark wie Willem, aber er konnte sehr jähzornig sein, und die Haltung von Willem machte ihn rasend.

Er stellte sich vor den großen Jungen und guckte ihn direkt an. „Holst du ihn oder nicht?"

„Nein!" brüllte Willem.

„So! Jetzt vielleicht?" Und damit gab Jo ihm eine Ohrfeige, daß Willem Sterne vor den Augen tanzten.

Jetzt ging's natürlich erst richtig los. Die anderen Jungen, die inzwischen begriffen hatten, daß hier ein Kampf anfangen würde, standen im Kreis um die beiden Kampfhähne. Obwohl sie alle auf Jos Seite waren, griffen sie nicht ein. Das war Ehrensache.

Henk konnte jedoch seine Hände nur mit Mühe ruhig halten. Nicht, weil er besonders böse auf Willem war, der sich nicht an die Spielregeln gehalten hatte, sondern mehr aus Furcht, daß Jo sich eine Tracht Prügel einhandelte, die nicht von Pappe sein würde.

Aber Jo war gar nicht ängstlich. Er vertraute auf seine Schnelligkeit.

Willem beugte sich jetzt ein bißchen vor, um seinen Gegner zu fassen, aber Jo paßte auf.

Plötzlich griff Willem an. Blitzschnell packte er mit seinen großen Händen Jo bei den Schultern. Aber er war nicht schnell genug. Augenblicklich tauchte Jo weg, steckte seinen Kopf zwischen Willems Beine, und bevor der wußte, was geschehen war, lag er schon auf dem Rücken. Jo saß auf ihm und drückte Willems Schultern auf die Erde.

Nach allen Regeln hätte Willem Jos Überlegenheit nun anerkennen müssen. Zur Entrüstung der Jungen machte er jedoch weiter, nachdem Jo aufgestanden war. Er riß Jo am Gürtel, schlug ihn, schüttelte ihn. Jo mußte ein paar Schläge einstecken, das Blut schoß ihm aus der Nase, aber er gab nicht auf. Mit einer Hand konnte er Willems roten Haarschopf packen. Mit aller Kraft zog er

Willems Kopf nach hinten, so daß der das Gleichgewicht verlor.

Willem lag wieder unten, Jo kniete auf seinen Armen. Willem war völlig machtlos, denn Jo drückte seinen Kopf fest auf den Boden.

„So", keuchte er, „willst du den Ball nun holen oder immer noch nicht?"

„Nie im Leben!" stöhnte Willem.

„Jetzt?" fragte Jo und gab ihm noch ein paar deftige Schläge.

„Laß mich los, oder ich werde dich . . .", heulte Willem.

„Was wirst du?" höhnte Jo. „Mich doch hoffentlich nicht verprügeln?" Und gab ihm noch ein paar hinter die Ohren. „Hast du nun genug, oder soll ich weitermachen?"

„Nee, nee, hör auf", jammerte Willem.

„Gut, Bürschchen", sagte Jo, „ich will nur noch wissen, ob du den Ball holst oder nicht?"

„Ja, ja doch, ich hole ihn", jammerte Willem.

„In Ordnung." Jo ließ ihn los.

Willem rappelte sich mühsam auf. Es wurmte ihn, daß er gegen einen so viel kleineren Jungen der Unterlegene gewesen war, zumal er von den anderen auch noch ausgelacht wurde.

Willem war ein heimtückischer Junge, der vor keiner Gemeinheit zurückschreckte. Deswegen war er auch unbeliebt, und diese Niederlage wurde ihm von den Jungen gegönnt. Vor allem Henk freute sich diebisch.

„Nun, Wimpie", spottete er, „hast du eine Lehre draus gezogen? Hol nun schnell den Ball, dann bist du ein tüchtiges Kerlchen!"

Willem gab keine Antwort. Schweigend lief er auf den Ball zu. Als er ungefähr noch einen Meter davon entfernt war, änderte er plötzlich die Richtung und rannte weiter, bis er in sicherem Abstand war. Dann hielt er die Hände wie ein Sprachrohr vor den Mund und schrie: „Ja, schön, ich sollte den Ball holen! Hattet ihr gedacht! Laßt den verdammten Judenlümmel den Ball doch selber holen!"

Die Jungen standen wie gelähmt da.

Jo war ganz bleich geworden. Tränen traten in seine Augen.

Verdammter Judenlümmel!

Joel war Jude. Der einzige Sohn eines Viehhändlers. Seine Eltern waren ziemlich angesehene Leute, und bis jetzt hatten sie bei niemandem irgendeine Feindseligkeit bemerkt.

Im Gegenteil. Gerade in den letzten Jahren war ihnen von allen Seiten Freundschaft und Hilfsbereitschaft zuteil geworden.

Es war 1943. Schon vier Jahre dauerte der zweite Weltkrieg. Überall in den Niederlanden wurden die Juden verfolgt und gefangengenommen. Das Land litt schwer unter der deutschen Besetzung, genoß aber noch immer ein ziemliches Maß an Freiheit.

Die Juden ausgenommen. Buchstäblich alles war ihnen verboten. Sie durften keinen Geschäften nachgehen und keine Stellen annehmen, kurz, das Leben wurde ihnen nach und nach unerträglich gemacht.

Und schließlich wurden sie aufgegriffen und zunächst in das Lager Westerbork gebracht. Von dort wurden sie nach Deutschland verfrachtet. Die Deutschen erzählten ihnen, sie müßten in Deutschland arbeiten. In Wirklichkeit aber kamen sie meistens in Konzentrationslager nach Polen, um dort umgebracht zu werden.

Die Juden, die noch nicht aufgegriffen waren, lebten fortwährend in Furcht. Die Angst, in der Nacht abgeholt zu werden, raubte ihnen den Schlaf. Bei allen jüdischen Familien standen die mit den nötigsten Sachen gepackten Koffer bereit, denn wenn die Leute abgeholt wurden, ließ man ihnen keine Zeit, irgend etwas einzupacken.

Die Familie Meier hatte eigentlich noch keine Schwierigkeiten gehabt. Der Bürgermeister war ein guter Niederländer, der alles tat, um seinen Bürgern das Leben in diesen Zeiten so erträglich wie möglich zu machen. Und so konnte Jos Vater, als überall im Lande die Juden schon verfolgt wurden, noch seinen Geschäften nachgehen.

Die Bauern wußten, daß man ihm vertrauen konnte, also kauften und verkauften sie ihr Vieh am liebsten von und an Meier.

Auch Jo bemerkte vom Kriege nicht so viel. Zwischen ihm und

seinen Freunden wurden keine Unterschiede gemacht.

Als er eines Morgens mit einem großen gelben Stern auf der Jacke zur Schule kam, hatten die Jungen nur gefragt, was das komische Ding denn bedeuten solle.

Auf dem gelben Stern war in hebräischen Buchstaben das Wort *Jude* aufgestickt. Jo hatte ihnen erzählt, daß alle Juden auf deutschen Befehl hin solch einen Stern tragen mußten.

Henk hatte nur gesagt: „Was für ein Quatsch!" Dann waren sie zum Spielen gegangen, und über den Stern wurde nie wieder gesprochen.

Und nun hatte Willem Jo einen verdammten Judenlümmel genannt...

Jo fand es herrlich, mit den anderen Fußball zu spielen. Während eines Spiels vergaß er alle Traurigkeit von zu Hause. Da konnte er sich mal ausleben und dachte nicht immer an den sorgenvollen Ausdruck auf dem Gesicht der Mutter, an das verbissene Gesicht des Vaters.

Seine Eltern achteten darauf, daß er wenig von ihren Sorgen, ihren Ängsten mitbekam. Aber Jo wußte nur zu gut, daß seine Mutter oft vor sich hin weinte, daß sein Vater stundenlang im Zimmer auf und ab ging, wenn er im Bett lag. Auch die langen, geheimnisvollen Gespräche mit Henks Vater entgingen Jo nicht.

Doch draußen bei den Freunden fühlte er das alles nicht so deutlich, da war er ein Dorfjunge unter Dorfjungen.

Nun wurde er durch das scheußliche Schimpfwort daran erinnert, daß er zu einem Volk gehörte, das von Hitler in ganz Europa verfolgt und ausgerottet wurde.

Auch die Oosteinders waren über das abscheuliche Verhalten ihres Freundes entsetzt. Schweigend zogen sie ihre Jacken an und verabschiedeten sich leiser als gewöhnlich.

2

Monate waren vergangen. Über den schlimmen Vorfall wurde nicht mehr gesprochen, und die Fußballspiele fanden wie gewöhnlich statt. Doch Willem Pool spielte nicht mehr mit. Die Oosteinders wollten ihn nicht mehr in ihrer Gruppe haben.

Der Krieg ging weiter, immer schwerere Belastungen wurden den Niederländern auferlegt.

Auch in dem alten Drenther Brinkdorf spürte man das immer deutlicher. Der alte Bürgermeister war entlassen und durch einen viel jüngeren ersetzt worden. Hatte der alte auf der Seite der Einwohner gestanden, trat der neue nun für die Deutschen ein und unterstützte sie.

Daß er auf diese Weise zu einem Verräter an seinem Volk und Land wurde, interessierte ihn nicht weiter.

Die Schulkinder merkten von all dem nur wenig. Sie spielten weiter und ließen Krieg Krieg sein. Manchmal freute es sie auch, wenn die Schule ausfiel, das bedeutete Extraferien.

An einem dieser Tage gingen Henk und Jo querfeldein.

Doch Jo war nicht wie sonst aufgeweckt und fröhlich, sondern sehr still. Die schöne Landschaft bemerkte er nicht. Schweigend lief er neben Henk her. Wenn der etwas sagte, dauerte es manchmal Sekunden, bis er antwortete.

Henk verstand das einfach nicht. Endlich hielt er es nicht mehr aus. „Jo, was ist mit dir los?“ fragte er. „Bist du etwa böse auf mich?“

„Böse? Wie kommst du darauf? Warum sollte ich böse sein? Du hast mir doch nichts getan!“

„Nun, warum siehst du dann aus wie eine Kuh, wenn es donnert?“ murmelte Henk. „Den ganzen Morgen sagst du nichts, und wenn ich etwas frage, antwortest du kaum. Da muß doch etwas sein!“

„Ja“, schluchzte Jo und schwieg dann wieder.

Henk fand das mehr und mehr unbegreiflich. Daß Jo, der Nachbarsjunge, sein Freund, mit dem er schon den Kindergarten besucht hatte, der in seinem Elternhaus ein- und ausging, so wie er in Jos Familie zu Hause war, daß der etwas hatte, was er ihm nicht sagen konnte, das war unvorstellbar.

„Na ja“, sagte er ein bißchen verärgert, „wenn du mir nicht traust!“

„Aber natürlich traue ich dir“, antwortete Jo mühsam, „aber es ist so entsetzlich!“

Jetzt schwieg Henk. Angestrengt dachte er darüber nach, was Jo wohl so bedrücken mochte. Aber er fand nichts.

„Nun gut“, sagte er schließlich, „wenn du es mir lieber nicht erzählen willst...“

Eine Zeitlang liefen die Jungen schweigend weiter. Beide gingen ihren Gedanken nach. Henk sah, daß Jo den Tränen nahe war.

Schließlich faßte sich Jo. „Ich..., aber du darfst mit niemandem darüber sprechen, hörst du, mit niemandem!“

„Wofür hältst du mich?“ ficl Henk ihm ins Wort. „Bin ich jemals ein Schwätzer gewesen?“

„Nein, natürlich nicht, aber... Henk, weißt du, was untertauchen ist?“ brach es plötzlich aus ihm heraus.

„Untertauchen? Untertauchen! Ja, das macht man, wenn man nach Deutschland verschleppt werden soll. Dann versteckt man sich einfach, daß sie einen nicht finden, nicht wahr?“

„Wir werden untertauchen!“

„Ihr?“ rief Henk entsetzt. „Ihr taucht unter? Wer sagt das?“

„Dein Vater.“

„Mein Vater?“ Henk war überrascht. „Mein Vater? Wieso denn das?“

„Ich habe es doch mit meinen eigenen Ohren gehört!“ rief Jo verzweifelt.

„So! Und wann?“ Henk konnte sich absolut nicht vorstellen, daß sein Vater den Nachbarn raten konnte, unterzutauchen.

„Gestern abend. Ungefähr um acht kam dein Vater zu uns. Er tat ganz harmlos, aber ich hab gleich gemerkt, daß er erst reden wollte, wenn ich in meinem Zimmer wäre. Er sah mich an, dann meinen Vater, und dann wies er mich mit seinen Augen nach oben. Und darauf schickte mich mein Vater hinauf. Ich habe es deinem Vater angesehen, daß etwas Schlimmes passiert sein mußte – und dann habe ich an der Tür gelauscht.“

„Und was hat mein Vater gesagt?“ wollte Henk wissen.

„Alles habe ich natürlich nicht verstanden, aber ich habe gehört, daß er sagte: ‚Glauben Sie mir, David, Sie müssen weg. Es steht nicht gut. Besser jetzt, als wenn es zu spät ist. Einer von meinen Leuten hat ein Gespräch des Bürgermeisters mit einem der Deutsch sprach, belauscht. Und dabei ist der Name Meier mehrmals genannt worden. Glauben Sie mir, die Deutschen lassen Sie nicht in Ruhe.‘“

„Und was meinten deine Eltern?“ wollte Henk wissen.

„Meine Mutter hat furchtbar geweint. Mein Vater sagte gar nichts. Er rannte nur mit großen Schritten durchs Zimmer. Und dann sagte dein Vater, daß es dadurch auch nicht besser würde, man müsse sich entscheiden.“

„Was meinte er genau?“ fragte Henk wieder, der die Sache kaum glauben mochte.

„Er sagte: ‚David, die Sache ist natürlich schrecklich, das weiß ich. Aber wenn Sie nicht gehen, wird es noch schlechter, glauben Sie's mir. Ich habe eine sichere Adresse für Ihre Familie. Sie können zusammenbleiben. Mensch, packen Sie noch heute die Koffer, und dann nichts wie weg, ehe es zu spät ist.‘ Aber mein Vater meinte, das ginge erst, wenn er mit einigen Bauern abgerechnet hätte, die von ihm noch Geld zu kriegen hätten. Morgen wolle er das gleich tun, sagte er, und dann könnten wir morgen abend gehen. Dein Vater hätte es lieber gesehen, wenn wir gestern abend gleich gegangen wären, aber meiner wollte erst die Schulden begleichen. Niemand soll von ihm denken, daß er jemanden betrügen will, und die Bauern hätten das Geld doch auch nötig."

„Also geht ihr heute abend wirklich weg?"

„Ja, heute abend!"

Henk fand das furchtbar, daß sein Freund und seine Eltern sich wie Verbrecher verstecken mußten.

„Mein Vater wollte erst nicht", erzählte Jo weiter, „er sagte, wir wären doch keine Diebe. Warum müßten wir dann verhaftet werden? Und dann – und dann fing mein Vater auch an zu weinen."

Schweigend gingen die Jungen weiter. Henk war erfüllt von Mitleid und großer Sorge. Er wußte, wenn das Versteck entdeckt werden würde, wären Jo und seine Eltern verloren.

Jo hatte auch eine Heidenangst, aber nebenbei – er schämte sich beinahe darüber – reizte ihn auch das Abenteuer.

„Wann geht ihr?" fragte Henk nach einer Weile noch einmal.

„Heute abend, wenn es dunkel ist."

„Und weißt du schon, wohin?"

„Nein, überhaupt nicht. Ich habe nur mitgekriegt, daß wir ungefähr eine halbe Stunde mit dem Rad fahren müssen. Allzu weit kann es also nicht sein."

„Na, dann kann ich ja mal zu dir kommen", meinte Henk.

„Das geht nicht, Henk, kein Mensch darf wissen, wo wir sind. Und dein Vater hat deutlich gesagt, daß niemand uns besuchen darf. Das ist viel zu gefährlich. Vielleicht dürfen wir tagsüber gar nicht raus."

Darüber war Henk sehr erschrocken. Keinen Bekannten sehen und obendrein noch wie ein Kaninchen im Käfig eingeschlossen zu sein!? Etwas Schlimmeres konnte er sich nicht vorstellen.

Gegen Mittag kamen die Jungen wieder nach Hause. Nachmittags sollte Fußball gespielt werden, aber Jo und Henk gingen nicht hin. Diesen letzten Tag wollten sie allein verbringen.

„Wer weiß, wann wir wieder einmal zusammen sind", sagte Jo.

Henk dachte, vielleicht nie mehr, aber das sagte er natürlich nicht. Den Tag von Herzen genießen konnten sie nicht. Unaufhör-

2 8272-12

lich dachten sie an den nahen Abschied. Als wenn sie es geplant hätten, gingen sie an die Stellen, an denen sie besonders gern gewesen waren. Aber dann waren sie froh, als die Dämmerung anbrach. Keiner von beiden konnte noch etwas sagen.

„Ich muß nun nach Hause“, begann Jo.

„Ja, es wird langsam Zeit“, stimmte Henk zu. „Meine Mutter wird das Essen schon fertig haben, und sie hat’s nicht gerne, wenn ich zu spät komme.“ Er hätte sich für diese dämliche Bemerkung ohrfeigen können. Aber er wußte wirklich nicht, was er sonst noch hätte sagen sollen. Was mußte Jo von ihm denken? Als wenn ausgerechnet jetzt das Essen das Wichtigste wäre! Doch Jo hatte kaum hingehört.

„Ich will noch einiges in Ordnung bringen“, sagte er, „Mutter hat heute mittag schon die Koffer gepackt. Für jeden von uns einen, mehr können wir nicht mitnehmen.“

„Aber, aber, die Möbel und... und... die anderen Dinge“, stotterte Henk.

„Die müssen wir hierlassen. Nichts davon können wir mitnehmen. Nur Kleider zum Anziehen.“

Henk hatte bis jetzt das Gefühl gehabt, als solle das eine Art Umzug sein, aber nun wurde ihm schlagartig bewußt, wie armselig die Familie Meier ihr Haus verlassen mußte.

„Aber... aber die ganzen Sachen, ihr könnt doch nicht alles...“, stammelte er.

„Doch, alles müssen wir zurücklassen“, seufzte Jo, „und meine Kaninchen auch. Aber vielleicht...“, weiter kam er nicht. Plötzlich steckte ihm ein Kloß im Hals, und die Augen brannten ihm.

„Für die Kaninchen sorge ich natürlich“, sagte Henk sofort. „Ich werde gut auf sie aufpassen, das verspreche ich dir. Und... und... mein Messer, mein Messer mußt du mitnehmen! Vielleicht könnt ihr’s gebrauchen.“

Jo wurde ganz still. Er wußte, wie stolz Henk auf sein Messer war. Vor ein paar Wochen hatte er es erst bekommen. Und es war wirklich ein Prachtexemplar. Ein echtes Solinger Messer, ein Dolch-Modell, so eins, wie es die Bauern benutzen. Und das wollte Henk ihm nun geben!

„Ja, das ist prima", sagte er endlich, „ich will das Messer schrecklich gerne haben, aber nur geliehen, hörst du! Wenn ich zurückkomme, kriegst du es wieder!"

„Und du deine Kaninchen", antwortete Henk. „Dann tauschen wir alles wieder aus."

Dann war der Gesprächsstoff aus. Aber wie sollten sie sich trennen? Sich mit einem festen Händedruck zu verabschieden, wie das die Erwachsenen tun, erschien ihnen unangebracht. Und weglaufen mit einem „bis bald", nein, das fühlten sie beide, das ging auch nicht.

Es war Henk, der das Problem löste. Er knuffte Jo ein paarmal in die Seite und rief: „Na dann, alter Junge, Wiedersehen!"

Danach drehte er sich um und lief heim. Jo brauchte seine bebenden Lippen ja nicht zu sehen.

3

Jo ging nicht dirckt nach Hause. Auch ihm liefen die Tränen die Wangen hinunter, und wenn er mit einem verheulten Gesicht heimkam, würden seine Eltern vielleicht merken, daß er alles wußte. Dann mußte er auch sagen, daß er am Abend zuvor an der Tür gehorcht hatte.

Mit schweren Schritten lief er durch den Garten zu den Kaninchenställen.

Mies, das große weiße Kaninchen mit den schönen roten Augen, und Wout, der prächtige Flämische Riese, standen schon am Gitter, als sie ihr Herrchen kommen hörten.

„Ja, ja, gleich", rief Jo und rannte noch einmal in den Garten, um ein paar Mohrrüben zu holen. Dann öffnete er die Stalltüren. Freudig sprangen die Tiere heraus, aber sie liefen nicht weg.

Jo hatte sich auf eine Kiste gesetzt, und die Kaninchen versuchten auf seine Knie zu klettern. So eilig hatten sie es, daß sie einander wegdrängten.

Bei allem Kummer mußte Jo darüber lachen.

„Na, na, Mies, sei nicht so ungeduldig! Ja, ich nehme dich ja schon, dich auch, du großer Lümmel." Damit war Wout gemeint. Schon saßen die beiden Kaninchen auf seinem Schoß, aber noch immer waren sie nicht zufrieden. Sie wollten gestreichelt werden, und als Jo ihrer Meinung nach nicht schnell genug damit anfing, stießen sie mit ihren Köpfen gegen seine Brust und sein Gesicht.

„Kommt, kommt, seid nicht so frech", lachte Jo und setzte die Kaninchen wieder auf seinen Schoß. Sanft kraulte er die Tiere hinter den Ohren. Sie fanden das herrlich und hielten ganz still. Dann wollten sie die Mohrrüben aus seiner Hand fressen.

Jo hätte stundenlang so dasitzen mögen, es beruhigte ihn. Er konnte sich nicht vorstellen, daß dies das letzte, das allerletzte Mal war, daß er seine Kaninchen versorgen und verhätscheln konnte.

Er blieb länger als er eigentlich durfte. Es war inzwischen fast dunkel geworden. Wie sehr er auch dagegen ankämpfte, er mußte ins Haus gehen.

Noch einmal streichelte er seine Tiere, noch einmal drückte er sein Gesicht in die weichen Felle, dann setzte er sie in den Stall zurück und schloß sorgfältig die Tür. Wieder liefen ihm die Tränen über das Gesicht.

„Tschüs, ihr beiden", flüsterte er, „Herrchen geht nun weg, aber Henk wird gut für euch sorgen."

Abrupt drehte er sich um und ging ins Haus.

Auf Befehl der Besatzungsmacht mußten die Fenster abends verdunkelt werden, so daß kein Lichtschein nach draußen dringen konnte. Auch die kleinste Spalte mußte abgedeckt werden.

Juden durften keinen elektrischen Strom benutzen. Sie zündeten abends immer ein paar Kerzen an, das mußte reichen.

Jo fand das scheußlich, jeden Abend im Dämmerlicht zu sitzen. An diesem Abend jedoch war er froh über das Halbdunkel, denn nun konnte er sicher sein, daß sein verweintes Gesicht nicht auffallen würde.

„Du kommst spät“, sagte seine Mutter.

Das war kein Tadel, aber Jo spürte, daß seine Mutter unruhig war. Das bereitete ihm ein schlechtes Gewissen. Er hätte daran denken sollen, daß seine Eltern an diesem Tag besonders aufgeregt waren und daß sie ihn gern in ihrer Nähe gehabt hätten.

„Och“, meinte er, „Henk und ich sind den ganzen Nachmittag durch die Wälder gelaufen. Da war so viel zu sehen, und . . . tja, da wurde es eben ein bißchen spät.“

„Joel“, begann Herr Meier, und seine Stimme klang so heiser, daß Jo ahnte, was sein Vater ihm sagen wollte. „Jo, komm, setz dich zu mir. Ich . . ., wir . . ., deine Mutter und ich müssen dir etwas sagen. Sieh mal, Jo, du weißt doch, daß wir Juden von den Deutschen wie die Pest gehaßt werden. Hier im Dorf merkt man nicht viel davon. Du hast aber auch gehört, was anderswo mit den Juden passiert. Und so lange, wie der alte Bürgermeister noch hier war, ging alles gut. Aber dieser neue ist ein . . . ein . . . strammer Nazi*, und darum . . .“ Er schwieg. Das Sprechen fiel ihm schwer. Wie sollte er seinem Sohn erklären, daß sie in Zukunft kein eigenes Zuhause, sogar keinen eigenen Stuhl mehr besitzen würden? Daß sie sich wie Verbrecher verstecken mußten?

Jo war hin und her gerissen. Eigentlich durfte er nicht sagen, daß er gestern gelauscht hatte. Andererseits merkte er, daß er es dem Vater leichter machen würde, wenn er es erzählte.

„Ich weiß, was du sagen willst“, begann er deshalb, „wir werden untertauchen. Ich will ehrlich sein. Als Henks Vater hier war, fühlte ich, daß er schlechte Nachrichten hatte. Darum habt ihr mich auch so früh ins Bett geschickt. Ich habe mich aber an die Tür gestellt und gelauscht. Ich weiß, daß das nicht recht war, doch ich hatte solche Angst.“

„So“, sagte sein Vater, und seine Stimme klang etwas heller,

* Abkürzung für Nationalsozialist; Anhänger bzw. Mitglied der Nationalsozialistischen Deutschen Arbeiter-Partei, NSDAP, deren Führer Adolf Hitler war.

„also du weißt schon alles. An der Tür lauschen ist häßlich, aber in diesem Fall – ich kann's verstehen... Was hast du gehört?"

„Daß wir heute abend wegmüssen, und daß wir nur drei Koffer mitnehmen können. Und die sind schon gepackt, ich habe sie gesehen. Aber ich weiß nicht, wohin wir gehen. Ich weiß nur, daß es mit dem Rad eine halbe Stunde weit ist."

„Wir gehen nach..., nein, ich sage es dir besser nicht. Man weiß nie, was alles passieren kann. Du wirst schon sehen, wo wir hinkommen. Jo, du hast doch mit niemandem darüber gesprochen?"

Jo wurde rot. Zum Glück fiel das in der schummrigen Stube nicht auf. Er wußte nicht, was er darauf antworten sollte. Lügen wollte er nicht, aber plötzlich hatte er das Gefühl, er hätte Henk doch nicht alles erzählen sollen.

„Ich... ich", stotterte er.

„Also hast du's erzählt!" Vaters Stimme klang verzweifelt. „Junge, wie konntest du das tun? Kapierst du denn nicht, wie gefährlich das ist? Wenn die Jungen heimkommen, erzählen sie es doch ihren Eltern, und...". Ratlos sank er auf seinen Stuhl und bedeckte das Gesicht mit seinen Händen. „Wie konntest du nur", stöhnte er leise.

„Aber den Jungen habe ich es doch gar nicht erzählt", stammelte Jo, „nur Henk. Ich fand alles so schrecklich, und Henk muß doch auch für meine Kaninchen sorgen."

„Henk? Nur Henk? Bestimmt? Niemandem sonst?" fragte sein Vater eindringlich.

„Dann ist es nicht so schlimm", meinte Jos Mutter. „Vielleicht wäre es besser gewesen, wenn du nichts gesagt hättest, aber Henk weiß gut, was er sagen darf und was nicht."

„Junge, was hast du uns erschreckt!" sagte Jos Vater sichtlich erleichtert. „Hast du 's wirklich keinem anderen erzählt? Bist du vollkommen sicher?"

„Ja, natürlich", sagte Jo bestimmt. „Ich habe den ganzen Tag keinen anderen Jungen gesehen. Henk und ich sind zusammen draußen im Feld gewesen, den ganzen Tag."

„Gott sei Dank“, fuhr Jos Vater fort. „Denn, Joel, was wir jetzt machen, ist kein Pappenstiel. Das kann lebensgefährlich sein. Wenn wir geschnappt werden, ist es um uns geschehen, so mußt du das sehen! Du bist noch jung. Aber ich glaube, es ist besser, daß ich dir das ganz deutlich sage.“ Er machte eine Pause, bevor er fortfuhr.

„In Deutschland ist Hitler der Führer. Ein Mann, der meiner Meinung nach verrückt ist. Aber die meisten Deutschen glauben an ihn. Der Mann ist von der Machtgier besessen. Erst hat er Polen erobert, jetzt will er die ganze Welt beherrschen. England und Frankreich haben ihm den Krieg erklärt. Aber Hitler hatte sich seit vielen Jahren auf diesen Krieg vorbereitet, war also viel mächtiger als beide zusammen, so daß er den Krieg ruhig anfangen konnte. Auch die Niederlande, Belgien und Luxemburg hat er einkassiert, obwohl er ein paar Tage vor Kriegsausbruch noch versichert hatte, die Niederlande nicht zu überfallen. Er hat sein Wort am 10. Mai 1940 gebrochen und ließ seine Truppen in unser Land einmarschieren. Wir waren überhaupt nicht auf den Krieg vorbereitet, und so kam es, daß die Niederlande den Widerstand aufgeben mußten. Hitler hat eine unbeschreibliche Abneigung gegen alles, was nicht deutsch ist. Vor allem gegen die Juden. Er sagt, daß Deutschland vor 1933 von den Juden beherrscht wurde, weil sie so viel Geld hatten. Das ist völliger Unsinn, aber ein großer Teil des deutschen Volkes glaubt es. Überall, auch hier bei uns, werden die Juden von den Deutschen verfolgt. Sie werden verhaftet und nach Deutschland verschleppt. Man sagt ihnen, sie sollen dort arbeiten. In Wirklichkeit, davon bin ich fest überzeugt, werden sie dort aber ermordet. Unsere einzige Rettung ist, unterzutauchen. Der Krieg dauert nicht ewig, das ist so sicher wie Tag und Nacht, und Hitler wird den Krieg verlieren. Die Wende scheint auch schon gekommen zu sein. Deutschland hat seinen früheren Freund – Rußland – ebenfalls überfallen. Aber Rußland weiß sich zu wehren und hat schon einen Teil der deutschen Wehrmacht vernichtet. Der Krieg ist noch nicht vorbei, doch kommt der Tag, an dem die Niederlande wieder frei sein werden.

Dann können wir mit unserer Königin wieder in einem freien Land leben."

„Wie soll denn das gehen?" fragte Jo. „Die Königin ist nicht hier. Da bleibt Hitler doch!"

„Die Königin kommt zurück, Joel! Sieh mal, Junge, das verstehst du bestimmt schon. Die Königin und die Regierung sind nicht aus Furcht vor Hitler geflohen. Sie sind aus dem Land gegangen, um von außen her unser Heer, unsere Marine und unsere Luftwaffe zu führen. Und vergiß nicht unsere überseeischen Gebiete. Und was ganz wichtig ist: unsere Widerstandsbewegung. Die ist immer stärker geworden und wurde besser organisiert. Nein, mein Junge, Deutschland verliert den Krieg! Nur, wie gerne hätten wir die Befreiung in unserem eigenen Haus erlebt ..."

Die letzten Worte flüsterte er fast. Jo fühlte, daß sein Vater beinahe weinte, darum schwieg er und fragte nicht weiter.

Seine Mutter dagegen weinte vor sich hin. Ihr Kummer war zu groß. Wie ein Häufchen Elend saß sie in ihrer Ecke.

Jo bekam richtig Wut. In diesem Augenblick haßte er die Deutschen so, daß er darüber erschrak. Er hätte sie alle umbringen können. Diese Schufte, die seinen Eltern so viel Leid, Elend und Angst bereiteten!

Die alte friesische Uhr tickte die Minuten herunter. Sonst fand Jo ihr Ticken gemütlich, es war so anheimelnd. Aber heute? Es war, als ob die Uhr anders klänge. Eindringlicher!

Neun harte Schläge. Jo schreckte auf.

„Noch eine halbe Stunde", sagte sein Vater mühsam, „dann müssen wir ..."

Jo hielt es nicht mehr aus. Er mußte irgend etwas tun, allein um seine Gedanken in eine andere Richtung zu lenken.

„Soll ich die Fahrräder aus der Scheune holen, Vater?" fragte er.

„Ja, Junge, das ist gut", stimmte sein Vater zu. „Jo, ich muß dir noch etwas sagen. Da ist im Augenblick jemand unterwegs zu unserem Versteck. Wir müssen wissen, ob alles ganz sicher ist. Wenn der wieder da ist, brechen wir auf. Und nun mußt du gut zuhören! Wir fahren nicht alle gleichzeitig. Zuerst ich, eine halbe

Minute später Mutter, und genau eine halbe Minute danach kommst du. Du fährst an die Kreuzung bei Veendorp. Dort biegst du rechts ab. Du mußt gut aufpassen, denn wir müssen ohne Licht fahren. Glücklicherweise ist es nicht so dunkel. Aber paß ja gut auf! Wenn du ein Licht dreimal aufblitzen siehst, steigst du sofort ab und läufst ins Korn. Dein Rad schmeißt du in einen Wassergraben oder sonstwohin, denn das Licht ist ein Zeichen für Gefahr! Du kommst nicht zurück, ehe nicht das Licht wieder aufblitzt. Verstanden?"

„Ja, vollkommen", antwortete Jo.

„Gut! Wiederhole das Ganze noch einmal. Wir dürfen kein Risiko eingehen, siehst du das ein?"

Jo nickte und wiederholte alles. Dann fragte er: „Vater, wie finde ich denn die Adresse?"

„Das ist ganz einfach. Du fährst, bis du zu drei Milchkannen kommst. Zwei davon stehen aufrecht, eine ist umgefallen. Wenn du gut aufpaßt, kannst du an der Stelle gar nicht vorbeifahren. Auf der Straße ist nämlich ein großer weißer Kalkflecken. Dort fährst du rechts ab. Nach ungefähr zweihundertfünfzig Metern kommst du an einen Bauernhof, der rechts am Weg liegt. Da ist es. Du kannst ihn nicht verfehlen, denn da stehen weiter keine Häuser."

Jo wunderte sich über die präzisen Maßnahmen, die da getroffen waren, um das Risiko so klein wie möglich zu halten, und er empfand Hochachtung vor den Männern. Irgendwie erschien ihm alles sehr abenteuerlich und erinnerte ihn an spannende Geschichten aus seinen Jugendbüchern.

Die Fahrräder standen in einem Schuppen, etwa zehn Meter vom Haus entfernt. Jo nahm eine Taschenlampe und ging nach draußen.

Er tastete nach dem großen Vorhängeschloß. Mit dem Öffnen der Schuppentür hatte er keine Mühe. Er schloß die Tür sorgfältig hinter sich, bevor er die Lampe anmachte.

Jo sollte die Räder hinausfahren, die Tür wieder schließen und sie dann ins Hinterhaus bringen.

Aber in dem Augenblick, in dem er das Damenrad zur Tür schob, hörte er das Geräusch eines starken Motors.

Das Auto kam schnell näher. Jo erstarrte vor Schrecken.

Ein Auto zu dieser Tageszeit? Das konnte nur ein deutscher Wagen sein. Niederländische Fahrzeuge gab es kaum noch.

Jo hielt den Atem an. Instinktiv knipste er seine Taschenlampe aus. Das Geräusch wurde lauter und lauter. Jetzt wurde zurückgeschaltet. Der Wagen mußte bei der Kurve Am Brink sein. Der Motor heulte noch einmal auf, bevor das Auto mit kreischenden Bremsen stoppte. Zugleich hörte Jo, wie eine Ladeklappe niederfiel und Türen zugeschlagen wurden. Es klang wie Pistolenschüsse.

Jo stand reglos hinter der Schuppentür. Wie im Traum hörte er das Trampeln schwerer Stiefel rund ums Haus.

Jetzt wurde an die Hintertür geklopft, und eine rauhe, kehlige Stimme rief: „Aufmachen, aber schnell!"

Kurze Zeit später klirrte Glas.

Jo wußte, die Tür war eingetreten worden. Er wollte ins Haus rennen, bei Vater und Mutter sein. Aber er konnte sich nicht bewegen. Seine Füße schienen am Boden angewachsen zu sein.

Nach einiger Zeit – Jo schien es, als wären Stunden vergangen – kamen mehrere Menschen aus dem Haus heraus.

„So", hörte er eine Stimme, „da haben wir sie, Herr Leutnant."

„Wie viele?" schnauzte eine andere Stimme in gebrochenem Holländisch.

„Zwei Personen, David Meier und seine Frau!"

„Das ist nicht möglich!" brüllte der Deutsche. „Da muß noch ein Junge sein!"

„Es waren aber nur zwei Menschen im Haus", entgegnete der Niederländer. „Wir haben das ganze Haus durchsucht, da drinnen ist niemand mehr, da bin ich ganz sicher!"

„Mein Sohn ist nicht zu Haus, er ist verreist." Die Stimme von Jos Vater klang ängstlich.

„Ach so, er macht wohl Urlaub", höhnte der Deutsche. „Du lügst, der Judenlümmel hat sich versteckt. Wo ist er? Raus damit!"

Jo hörte einen dumpfen Schlag, dann das Stöhnen seines

Vaters. Er biß sich auf die Lippen, um nicht zu schreien. Sie hatten ihn geschlagen.

„Na, wo steckt der Jude?" brüllte der Deutsche wieder.

„Ich sage es doch, er ist nicht hier", wimmerte der Vater.

Mit einem Male wußte Jo, was er tun mußte.

Sich verstecken! Sein Vater wollte nicht, daß er gefunden wurde.

Aber wohin? Im Schuppen stand ein Haufen Gerümpel herum. Wie sollte er in der Dunkelheit ein sicheres Versteck finden? Seine Taschenlampe durfte er nicht anknipsen. Der kleinste Lichtstrahl konnte ihn verraten. Verzweifelt tastete er im Dunkeln um sich. Er kam an einen Pfosten, auf dem das Dach lastete.

Da oben auf dem Hahnenbalken könnte er sich verstecken, aber vielleicht... Unter anderen Umständen wäre er nie den glatten Balken hinaufgekommen, aber die Angst verlieh ihm Riesenkräfte. Sekunden später saß er auf einem Querbalken unter dem Schuppendach.

Merkwürdig, jetzt war er viel ruhiger als vorhin. Vaters Stimme hatte ihm seine Sicherheit zurückgegeben. Nun mußte er sein Bestes tun, um den Deutschen nicht in die Hände zu fallen.

Inzwischen hatte der deutsche Offizier offenbar den Befehl gegeben, ihn zu suchen.

Die Tür des Schuppens wurde geöffnet. Der helle Strahl einer Taschenlampe glitt über die Wände. Zwei deutsche Soldaten kamen herein.

„Ist doch sinnlos, Heinz, der Junge ist nicht hier", sagte der eine von ihnen und ging wieder hinaus. Jo hatte ihn ungefähr verstanden, denn in der Schule lernte er Deutsch.

Der andere leuchtete aber immer noch mit seiner Lampe umher, und kurze Zeit später hatte der Schein Jo erfaßt.

Ein Lichtbündel traf das totenbleiche Gesicht. Ein paar Sekunden war der Strahl unbarmherzig auf Jo gerichtet. Dann schwenkte er in eine andere Ecke und... Auch der zweite Soldat stapfte hinaus.

Jo wollte höher klettern. Nun, nachdem er entdeckt war,

zitterte er, als ob er hohes Fieber hätte. Er konnte sich nicht bewegen. Er war sicher, sie würden ihn holen.

Aber zu seiner Überraschung und Erleichterung hörte er den Soldaten sagen: „Der Junge ist nicht da, Herr Leutnant.“

„Zum Teufel“, fluchte der Offizier, „wo steckt denn das Judenferkel?“

Eine Zeitlang suchten sie noch nach ihm; in den Schuppen kamen sie jedoch nicht mehr.

Schließlich hörte Joel eine rauhe Stimme brüllen: „Einsteigen!“

Dann knallten die Türen, der Motor wurde gestartet, der Wagen fuhr weg.

Mit Joels Eltern!

4

Jo blieb regungslos sitzen. Allmählich wurde das Motorengeräusch schwächer und schwächer. Dann war es totenstill.

Aber Jo wagte nicht, sich zu bewegen. Er zitterte noch immer und hatte das Gefühl, im nächsten Augenblick ohnmächtig zu werden. Ihm war vor Angst übel.

Die Minuten krochen dahin. Oder waren es Stunden?

Jo wußte es nicht. Er wußte nur, daß seine Eltern weg waren und er sie nie – nie wiedersehen würde.

Endlich kamen ihm die Tränen. Lautlos weinte er vor sich hin.

Lange Zeit später wurde er wieder ruhiger.

Was sollte er tun? Sein Vater wünschte, er solle untertauchen.

Aber wie? Und wo?

Konnte er sich überhaupt in einem Land verstecken, in dem feindliche Soldaten waren?

Denn jeder Deutsche war – nein!

Mit einem Male begriff er es! Nicht jeder Deutsche war ein Feind, ein Judenfeind!

Hatte jener Soldat ihn nicht mit seiner Taschenlampe angeleuchtet? Er mußte ihn gesehen haben! Und doch hatte er dem Offizier gemeldet: „Der Junge ist nicht da!“

Je länger Jo darüber nachdachte, um so schwieriger schien es ihm, unterzutauchen. Wenn er nur Henk erreichen könnte! Sollte er Steinchen an sein Zimmerfenster schmeißen? Nein, das ging nicht. Es würde Henk, der immer sehr fest schlief, kaum wecken. Vielleicht waren auch noch Soldaten in der Nähe? Henk würde ihm gewiß helfen, aber wenn er, Jo, gefaßt würde, würden sie Henk auch verhaften und schwer bestrafen. Vielleicht auch dessen Vater.

Nein, Jo mußte sich alleine helfen.

Aber wie?

Dann hatte er eine Idee. Er würde sich stellen! Sich freiwillig im Lager Westerbork melden. Dann würde er zwar auch binnen kurzer Zeit weggebracht werden, weit weg. Vielleicht müßte er auch sterben. Aber dann würde er wenigstens bei seinen Eltern sein!

Das Lager Westerbork war gar nicht so weit. Eine Stunde mit dem Fahrrad.

In einer Stunde könnte er bei seinen Eltern sein!

Vorsichtig bewegte sich Jo. Jede Regung bereitete ihm Schmerzen. Vom langen Sitzen in der ungewohnten Haltung war er steif geworden und völlig durchgefroren. Er tastete sich zum Pfeiler hin und ließ sich langsam nach unten gleiten. Lange Zeit stand er hinter der geschlossenen Tür.

Konnte es nicht sein, daß die Deutschen jemanden zurückgelassen hatten, der auf ihn wartete? Man würde ihn fangen, ihm nicht glauben, daß er sich freiwillig melden wollte. Vielleicht würde man ihn schlagen?

Alles blieb still. Geräuschlos öffnete Jo die Tür und atmete die frische Nachtluft tief ein. Es duftete nach Tannen und frisch gemähtem Gras.

Nein, er würde sich doch nicht stellen, sich nicht in ein Lager einsperren lassen, lieber fliehen!

Aber wohin?

Weg vom Haus, weg aus dem Dorf!

Er wußte zwar nicht, wovon er leben, wo er schlafen sollte. Nur eines wußte er jetzt sicher: Die Deutschen sollten ihn nicht kriegen.

Ohne Nahrung und ausreichende Kleidung würde er nicht weit kommen. Seinen Koffer müßte er haben und mindestens für ein paar Tage Essen. Im Haus gab es genügend Vorräte. Einfach hineingehen? Wenn da doch noch jemand wäre?

Auf Zehenspitzen schlich Jo zur eingetretenen Hintertür. Er blieb stehen und lauschte. Er hörte nichts. Dann betrat er das Haus. Er traute sich nicht, seine Taschenlampe anzuknipsen.

Die Koffer mußten nahe bei der Tür stehen. Der kleinste gehörte ihm. Den müßte er leicht finden können.

Doch die Koffer waren weg. Die Deutschen hatten sie natürlich mitgenommen. Einen Augenblick war Jo ratlos. Was nun?

In seinem Zimmer waren noch Kleidungsstücke, und im Keller würde bestimmt noch etwas Eßbares zu finden sein. Könnte er es wagen, die Treppe hinauf und hinunter in den Keller zu gehen?

Lange Zeit blieb er unentschlossen stehen.

Doch es mußte etwas geschehen, und zwar bald, denn im Osten wurde der Himmel schon hell. Bald würde der Tag anbrechen. Es dauerte nicht mehr lange, bis die Bauern zum Melken fahren würden. Dann war es unmöglich, ungesehen zu verschwinden.

Also los!

Jo zog seine Schuhe aus und schlich vorsichtig die Treppe hoch. Es passierte nichts. Schnell griff er sich eine derbe Manchesterhose, einen dicken Pullover und zwei Paar Kniestrümpfe aus dem Schrank. Dann ging er in den Keller. Er hatte Glück. Da lagen noch ein ganzes Brot und ein großes Stück Trockenfleisch. Außerdem fand er noch zwei Dosen Fisch und ein paar Fleischkonserven. Die Sachen hatten ein ziemliches Gewicht, und Jo wußte nicht, wie er alles tragen sollte.

Wenn er das Fahrrad nehmen könnte, ja, dann wäre es einfach. Aber Wege durfte er nicht benutzen. Er würde durch Felder gehen, über Hecken klettern, über Gräben springen müssen.

Dann kam ihm ein Gedanke. Am Fahrrad seines Vaters befanden sich zwei große Satteltaschen aus Segeltuch. Wenn er die ... Schnell schlich er zum Schuppen hinaus.

Er war sich inzwischen sicher, daß niemand in der Nähe war, also brauchte er nicht mehr vorsichtig zu sein. Schnell schnallte er die Taschen ab. Sein gesamter Vorrat paßte hinein, und er behielt sogar noch Platz übrig. Er lief noch einmal ins Haus und sah sich um. Was konnte er noch mitnehmen? Es durfte nicht zu schwer sein. Er entdeckte eine große Blechbüchse, in der seine Mutter den Tee aufbewahrte. Sechs Pakete waren noch darin. Damit füllte er die Taschen auf.

Solange er beschäftigt war, vergaß er seine trostlose Lage ein bißchen, aber als er nun fertig war, überfiel ihn wieder das heulende Elend. Verzweifelt lehnte er sich gegen eine Wand. Nur schwer konnte er sich beherrschen. Aber er wußte, daß Weinen ihm nicht weiterhelfen würde.

Noch einmal lief er durch alle Zimmer. Noch einmal setzte er sich auf seinen Lieblingsstuhl am Fenster. Dann sprang er entschlossen auf. Die Satteltaschen hängte er sich über die Schultern und ging nach draußen.

Inzwischen war es schon viel heller geworden. Weit würde er an diesem Tag nicht kommen. Aber er wußte mittlerweile, wohin er gehen würde.

Hinten im Wald, ganz versteckt zwischen dicht stehenden Tannen, hatten Henk und er eine Hütte gebaut. Halb in die Erde gegraben, war sie nicht zu sehen.

Da konnte er den Tag verbringen. Und morgen nacht konnte er weiterziehen.

In der Ferne krähte ein Hahn, und ein Hund bellte. Der Tag brach an, und es war höchste Zeit zu verschwinden. Jo schritt tüchtig voran.

Ohne sich umzusehen, verschwand er bald im Dickicht.

5

Am nächsten Morgen wurde Henk mit dem Gefühl wach, daß irgend etwas geschehen war. Zuerst wußte er nicht, was es sein konnte.

Plötzlich fiel es ihm wieder ein. Die Nachbarn waren fort.

Geflohen vor den Deutschen, untergetaucht. Er konnte es noch nicht fassen, daß Jo nicht mehr da war. Daß er ihn nicht mehr wie an anderen Morgen zur Schule abholen würde, wie er es seit dem Kindergarten getan hatte.

Nie mehr zusammen Fußball spielen und nie mehr gemeinsam durch den Wald streifen!

Widerwillig stand er auf. Zuerst wollte er Jos Kaninchen versorgen. Vielleicht wollte er auch so schnell wie möglich zu Meiers altem Haus kommen.

Herr van Buren saß schon am Frühstückstisch, als sein Sohn wieder zurückkam. Gut schien es ihm nicht zu schmecken. Kein Wunder, dachte Henk. Seine Eltern waren auch mit den Meiers befreundet, so wie er mit Jo.

Die Mutter war in der Küche beschäftigt. Doch als sie die Stube betrat, konnte Henk sehen, daß sie geweint hatte. Ihr Gesicht war so bleich, daß er richtig erschrak. Er konnte sich keinen Reim darauf machen. Natürlich war es furchtbar, daß die Nachbarn weg waren, aber schließlich doch noch früh genug ... Einmal würde der Krieg vorbei sein, und dann würden sie ja wieder zurückkehren.

„Henk", begann Herr van Buren, als sie zu dritt am Tisch saßen, „du darfst dich vorläufig nicht in der Umgebung von Meiers Haus blicken lassen. Das ist nämlich so ..." Er seufzte und hatte Mühe, weiterzureden, das merkte Henk deutlich. Sollte er sagen, daß er alles vom Untertauchen wußte? Er hatte Jo zwar versprochen ..., aber Petzen war das doch eigentlich nicht. In kurzer Zeit würde das ganze Dorf wissen, daß Meiers weg waren. Also hatte es doch keinen Sinn, zu tun, als wüßte er von nichts.

„Ich weiß, was du sagen willst", sagte Henk. „Die Nachbarn sind weg, nicht wahr? Sie sind untergetaucht."

Henks Vater schüttelte den Kopf. „Wäre das nur wahr, Junge. Unsere Nachbarn sind abgeholt worden. Die Deutschen waren schneller, Henk. Eine Viertelstunde vor Meiers Aufbruch waren sie da."

Henk wurde kreideweiß. „Abgeholt?" flüsterte er. „Alle abgeholt? Wie kann das denn sein, Vater, sie sollten doch ..."

„Ja, Junge, das weiß ich ja. Ich bin doch gestern extra noch zu ihrem Versteck gefahren. Ich wollte sehen, ob alles in Ordnung wäre. Und gerade, als ich zurückkam, fuhr ein großer deutscher Wagen vor. Ich konnte noch sehen, wie Meiers einstiegen, und kurz danach fuhr der Wagen ab."

Henk stammelte erschrocken: „Dann ist Jo auch ..."

„Ja, Junge, ich habe ihn zwar nicht einsteigen sehen, aber er war zu Hause, also haben sie ihn auch verhaftet."

Alle drei schwiegen eine Weile.

Dann seufzte Henks Vater. „Warum habe ich auch nicht darauf bestanden, daß sie schon vorgestern weggegangen sind! Jos Vater wollte erst noch mit einigen Bauern abrechnen. Ich hätte ihm seine Lage noch viel deutlicher machen sollen. Aber wie? Da sitzen die Menschen, und man kann ihnen doch nicht sagen, daß jede Minute die letzte sein kann. Man will sie doch auch nicht ängstlicher machen als sie schon sind."

Henks Vater schwieg. Bei den letzten Worten klang seine Stimme ganz heiser. Dann sagte er: „Also, wir können jetzt nichts mehr ändern. Henk, geh bitte in der nächsten Zeit nicht mehr hinüber. Die Deutschen lassen die Judenhäuser immer leer stehen. Wenn du dort gesehen wirst, könntest du in Verdacht kommen, daß du da etwas holen willst. Etwas, was du für die Meiers aufheben willst, zum Beispiel. Die Deutschen betrachten das alles als ihr Eigentum, sie könnten dir also eventuell einen

Diebstahl anhängen. Ihre Strafen, das weißt du mittlerweile, sind entsprechend. Diese Schufte!"

„Aber ich muß ab und zu hinüber! Ich habe Jo versprochen, daß ich für seine Kaninchen sorgen werde."

„Ach, die Kaninchen! Wenn die Deutschen sie entdecken, haben sie die längste Zeit gelebt. Die schlachten sie bestimmt, da kannst du sicher sein. Weiß du was? Wir holen sie sofort, mit den Ställen zusammen."

Es war auch höchste Zeit. Keine halbe Stunde später hielt ein großer deutscher Lastwagen vor Meiers Tür. Sechs Soldaten sprangen heraus und begannen das Haus auszuräumen. Das konnte nicht unbemerkt bleiben. In kurzer Zeit hatten sich einige Dorfbewohner vor dem Haus eingefunden. Viele standen mit verbissenen Gesichtern da, sahen sich den Diebstahl an, aber niemand durfte etwas sagen.

Henk mußte an dem Haus vorbei, als er zur Schule ging. Er fand es abscheulich, daß das Eigentum der Meiers so einfach auf den Wagen geschmissen wurde.

Hinten im Garten entdeckte er einige Soldaten. Sicher sehen die nach, ob da auch noch was zu holen ist, dachte er. Wie gut, daß die Kaninchen gerettet waren.

Normalerweise herrschte auf dem Schulhof morgens viel Betrieb. An diesem Morgen aber waren die Schüler sehr bedrückt. In kleinen Gruppen standen sie herum und redeten leise miteinander über das, was geschehen war. Sie fanden es schlimm, daß ihr Freund nicht mehr zur Schule kommen würde.

Einen Jungen schien das nicht zu kümmern: Willem Pool.

Er hatte immer noch nicht vergessen, wie Jo ihn vor ein paar Monaten abgefertigt hatte. Obendrein wurmte es ihn, daß er beim Fußball nicht mehr mitspielen durfte.

„Na", sagte er, „der aufgeblasene Judenjunge gehörte auch nicht hierher. Alle Juden werden abgeholt, warum nicht auch er?"

Henk hörte das und wurde wütend. Drohend ging er auf Willem zu. „Was hast du da gesagt?" fragte er. „Findest du das gut, daß Jo abgeholt worden ist?"

„Ja, mir gefällt das“, lachte Willem, „so einen Angeber können wir hier gut entbehren!“

„Wohl, weil der Angeber dir eine Abreibung verpaßt hat, oder?“ sagte Henk.

„Ach komm, dieses Männchen! Den schaffe ich ja mit einer Hand!?“

„Das haben wir ja gesehen“, antwortete Henk spöttisch. „Mann, hör doch auf. Was hattest du es eilig, wegzukommen, als Jo dich losließ.“

„Sag das noch einmal!“

„Was? Daß du weggelaufen bist? Also, Bürschchen, das will ich gerne noch mal erzählen und auch, daß du ein großer Feigling bist“, sagte Henk ruhig. „Und was willst du nun?“ fragte er weiter. „Willst du mich nicht verprügeln?“

„Ich schlage mich nicht mit Jüngeren“, sagte Willem geringschätzig.

„Aber ich mich mit Älteren“, gab Henk zurück.

Plötzlich griff er mit einer Hand in Willems roten Haarschopf. Mit der anderen gab er ihm eine schallende Ohrfeige.

Ja, jetzt mußte Willem kämpfen, ob er wollte oder nicht. Es glückte ihm, Henk an der Hüfte zu packen und hochzuheben. Aber bevor er Henk niederwerfen konnte, bekam der einen Fuß auf die Erde. Er stieß sich so heftig ab, daß Willem das Gleichgewicht verlor und mit seinem Kopf gegen die Mauer schlug. Er blieb regungslos liegen, während das Blut aus einer Wunde am Kopf sickerte.

Henk wurde blaß. War Willem etwa . . .?

Stocksteif stand er da, starrte auf Willems bleiches Gesicht und auf die blutende Wunde. Seine Wut war plötzlich verflogen. Er wußte nicht, was er tun sollte.

Aber einige Jungen hatten den Rektor benachrichtigt, der nun angelaufen kam.

Er fragte nichts und beugte sich über Willem. „Wasser“, sagte der dann kurz. „Holt ein Glas Wasser, schnell!“

Drei oder vier Jungen stoben fort, und im Nu war der erste

wieder zurück, nicht mit einem Glas, sondern mit einem halben Eimer Wasser. Schnell tauchte Herr Klasen sein Taschentuch hinein. Dann begann er Willems Puls und Stirn anzufeuchten. Zuerst schien das nicht zu helfen. Aber nach ein paar Minuten schlug Willem die Augen auf.

„Was ist passiert?" stotterte er.

„Nichts Besonderes", sagte Herr Klasen erleichtert. „Du warst nur ein bißchen weggetreten. Wie kam das? Bist du gestolpert?"

„Ich ... ich habe es getan", sagte Henk ehrlich. „Wir haben uns geprügelt, und ... da ist er mit dem Kopf gegen die Mauer geschlagen."

„So", fiel ihm Herr Klasen ins Wort, „so, ihr habt euch geprügelt! Verstehst du jetzt, warum ich Prügeleien streng verboten habe? Du hast noch einmal Glück gehabt! Willem hätte ebensogut tot sein können, weißt du das?"

„Aber ... ich ... es war ...", stotterte Henk.

„Natürlich wolltest du das nicht", sagte der Rektor. „Niemand will jemandem ernstlich Schaden zufügen. Aber jetzt siehst du, was sich daraus entwickeln kann. Also, es ist dieses Mal noch gut ausgegangen. Geht's wieder, Willem, oder muß ich dir noch helfen!"

„Nein, Herr Klasen, es geht schon wieder", antwortete Willem leise.

„Hast du Kopfschmerzen?" fragte der Schulleiter weiter.

„Nein."

„Na, dann hast du wenigstens keine Gehirnerschütterung. Du gehst jetzt nach Hause und legst dich ein bißchen hin. Und du, Henk, kommst mit mir in die Schule. Ich habe noch mit dir zu reden, das verstehst du sicher!"

Henk schlich hinter Herrn Klasen ins Schulhaus. Es tat ihm leid, daß Willem so unglücklich gefallen war, aber schuldig, nein, schuldig fühlte er sich eigentlich nicht.

„So", begann Herr Klasen, als sie in dessen Büro angekommen waren, „jetzt erzähl mir mal, warum du dich mit Willem prügeln mußtest!"

Jetzt wurde es für Henk schwierig, denn petzen wollte er nicht. Aber Willem war so gemein über Jo hergezogen und hatte sich sogar darüber gefreut, daß er weg war. Wenn Henk an das grinsende Gesicht dachte, flackerte seine Wut wieder auf.

„Jo ist gestern verhaftet worden, Herr Klasen“, sagte er endlich, „von den Deutschen, weil er ein Jude ist. Und Willem sagte, daß ...“

„Was erzählst du mir da?“ fiel ihm der Rektor bestürzt ins Wort. „Jo ist verhaftet? Von den Deutschen abgeholt? Wann denn? Und wer alles?“

„Alle drei! Jo und seine Eltern! Und heute morgen waren die Deutschen wieder da und haben die Möbel abgeholt. Und dann hat Willem gesagt, er wäre noch froh darüber. Und da ... Jo ist mein Freund, Herr Klasen!“

„Deshalb bist du so wütend geworden! Ich kann's verstehen. Mein Gott, die ganze Familie, schrecklich! Was wollen die Rottmoffen* ...“ Herr Klasen stockte. „Ich habe nichts gesagt, Henk. Sprechen wir nicht weiter darüber. – Prügeleien halte ich aber nach wie vor nicht für richtig. Ich muß dich natürlich bestrafen. Schlägereien sind nun mal verboten. Du erzählst den anderen, ich hätte dir eine Strafarbeit aufgegeben. Du brauchst sie aber nicht zu machen. Das sagst du den anderen natürlich nicht! Das bleibt unser Geheimnis! Kapiert?“

„Ja, und vielen Dank auch, Herr Klasen“, antwortete Henk erleichtert.

„Nun geh schnell an deinen Platz, es ist schon höchste Zeit!“

Herr Klasen ging nach draußen, um die Schulglocke zu läuten, Henk in seine Klasse.

Das ist noch mal gutgegangen, dachte er. Klasen konnte streng sein, aber er war ein feiner Kerl. Und die Deutschen mochte er auch nicht, das hatte Henk wohl gemerkt. Und die Strafarbeit brauchte er auch nicht zu machen!

*Rottmoffen: niederländisches Schimpfwort für die deutsche Besatzung

Obwohl er sich vorgenommen hatte, an diesem Morgen sein Bestes zu geben, um dem Lehrer zu zeigen, wie froh er war, gelang es ihm nicht, während der Stunden ständig aufmerksam zu sein. Immer wieder schweiften seine Gedanken ab – zu Jo, zu seinen Eltern. Wo mochten sie jetzt sein? Im Lager Westerbork? Er wagte gar nicht, sich das auszumalen.

In der Pause wollten alle natürlich wissen, wie es abgelaufen war. Aber Henk sagte nur, er habe eine Strafarbeit aufbekommen. Sonst nichts.

6

Gegen halb zwölf hielt ein großer Wagen vor der Schule. Neugierig sahen alle Schüler hinaus, denn ein Auto war in jenen Tagen ein seltenes Verkehrsmittel. Ein Mann in einem Ledermantel stieg aus und lief geradewegs auf die Schultür zu. Herr Klasen ging ihm entgegen. Nach einer Weile kam er allein zurück und hatte ein betroffenes Gesicht.

„Henk“, sagte er, „kommst du eben mal? Hier ist ein Herr, der dich sprechen will.“

Henk erschrak. Hatte ihn Willem vielleicht angezeigt? Jemand, der mit dem Auto fuhr, war meistens von der Polizei. Er kriegte ein flaues Gefühl im Bauch, als er den langen Gang hinunterlief.

Im Büro von Herrn Klasen wurde er jedoch freundlich empfangen.

„Also du bist der Henk van Buren“, sagte der Mann im Ledermantel.

„Ja“, antwortete Henk verwirrt.

„Henk, du bist sicher erstaunt, hier Besuch zu bekommen. Eine angenehme Unterbrechung des Unterrichts, nicht wahr?“

Henk lächelte mühsam. „Ach nein, ich bin gern in der Schule!“

Der Mann lachte laut. „Dann bist du ein bißchen anders als ich in meiner Jugend. Mir hat die Schule gar nicht geschmeckt. Ich konnte absolut nicht stillsitzen. Vor allem im Sommer, bei schönem Wetter. Wir hatten eine ganz altmodische Schule. Die Fenster waren so hoch, daß man nicht nach draußen sehen konnte. Die untersten Fensterscheiben waren auch noch aus Mattglas. Nichts sollte unsere Aufmerksamkeit ablenken. Nun, mich hat immer alles abgelenkt. Junge, Junge, was habe ich für einen Unsinn angestellt! Und dann mußte ich immer nachsitzen und Strafarbeiten machen. Die Pauker hatten ihre Last mit mir, das kannst du mir glauben."

Henk lachte ein bißchen. Inzwischen hatte er sich den Mann genau angesehen. Er traute ihm nicht über den Weg. Das pechschwarze Haar, das dicht über den Augen begann, die buschigen Augenbrauen und die großen braunen Augen, die ihn keinen Augenblick ruhig ansahen, sondern sich unaufhörlich hin und her bewegten, der stechende Blick und die gewollte Freundlichkeit.

Nein, er mochte den Mann nicht. Was hatte der vor? Was hatte dieses Verhör zu bedeuten? Er war doch bestimmt nicht gekommen, um Henk Geschichten zu erzählen.

Der Fremde schüttelte den Kopf. „Ja, ja, die Schule. Das waren noch Zeiten! Stundenlang könnte ich erzählen. Aber deswegen bin ich natürlich nicht gekommen. Ich wollte etwas mit dir besprechen, Henk. Die Familie Meier, du weißt ja, daß sie gestern verhaftet worden ist. Was sagst du denn dazu?"

„Schlimm", antwortete Henk ehrlich.

„Ja, das ist es auch", gab der Mann zurück. „Wirklich schlimm. Wenn man so aus dem Haus geholt wird. Aber Jo ist doch in Sicherheit, oder?"

Die Frage kam wie aus der Pistole geschossen. Im Augenblick war Henk wie vor den Kopf gestoßen. Der Mann brachte ihn völlig aus der Fassung.

Er stotterte: „Jo? Jo? Aber den haben sie doch auch mitgenommen!"

„Komm, Junge, verstell dich nicht", lachte der Fremde, „du

weißt es doch besser! Erzähl mir, wo er sich versteckt hat, dann erweist du ihm einen großen Dienst."

Jetzt kam Henk dahinter. Jo war entkommen! Irgendwie hatte er fliehen können. Henk freute sich riesig, aber er ließ sich nichts anmerken.

Der Mann wurde langsam ungeduldig. „Nun, höre ich bald was? Erzähle mir ruhig, wo der Junge ist. Ich soll ihm nämlich etwas ausrichten."

Jetzt zahlte es sich aus, daß sein Vater ihm immer wieder eingeschärft hatte, niemals etwas zu sagen, wenn Fremde nach Untergetauchten fragten oder nach anderen Dingen, die die Deutschen nichts angingen.

„Jo ist gestern abend abgeholt worden", sagte Henk. „Ich habe es zwar nicht gesehen, denn ich lag längst im Bett. Wenn er noch da wäre, hätte er mich heute morgen bestimmt abgeholt. Jeden Morgen ist er sonst gekommen – heute nicht."

„Hör zu, Henk", jetzt klang die Stimme gar nicht mehr freundlich, „du weißt mehr, als du sagen willst. Heraus mit der Sprache. Es passiert ihm nichts, glaub mir. Sag mir nur, wo ich ihn finden kann. Wenn du schweigst, machst du die Sache nur schwieriger!"

Was war Henk froh, daß er wirklich nichts von Jos Verschwinden wußte! Hätte er etwas gewußt, es hätte ihm Mühe gemacht, nichts zu sagen, das fühlte er deutlich.

„Ich weiß wirklich nichts", antwortete er kurz angebunden. „Gestern mittag sind wir noch zusammen gewesen. Als es dunkel wurde, mußte ich nach Haus zum Essen. Danach bin ich nicht mehr draußen gewesen. Also habe ich Jo nicht mehr gesehen!"

„Das glaubst du doch selber nicht", sagte der Mann.

„Doch, ich habe Jo nicht mehr gesehen."

„Wenn ich dich nun einfach mitnehme", drohte der Mann in dem Ledermantel.

„Aber ich kann doch nichts sagen, was ich nicht weiß", rief Henk wütend.

Plötzlich versuchte es der Mann wieder auf die freundliche Tour. „Gut, Henk! Gut so." Die Stimme klang beinahe herzlich.

„Du bist ein echter Freund. Das weiß ich zu schätzen. Ich bin auch ein Freund von Jo. Jetzt mußt du aufmerksam zuhören. Ich traue dir zu, daß du sogar deinen Freund verstecken könntest. Die Gerüchte, die über die Behandlung der Juden erzählt werden, sind so abscheulich, daß es kein Wunder wäre, wenn du versuchen würdest, ihn zu verbergen. Aber diese Gerüchte sind erstunken und erlogen, Junge. Die Menschen werden gut behandelt. Sie werden wohl umgesiedelt, aber nur für die Dauer des Krieges. Wenn wieder Friede ist, kommen sie zurück. Bestimmt! Wenn sie es allerdings wollen, können sie auch nach Palästina, um da einen neuen Judenstaat aufzubauen. Früher oder später kommen Jos Eltern also auch weg. Glaubst du, die gehen gern ohne ihr Kind? Es ist doch besser, wenn die Familie zusammenbleibt, als daß Jo sich hier versteckt. Heute oder morgen wird er sowieso gefunden. Und was dann? Dann weiß er nicht, wo seine Eltern sind. Dann ist er immer allein. Früher habe ich auch gemeint, daß die Greuelmärchen wahr wären. Unter uns gesagt, ich habe auch Juden geholfen, unterzutauchen. Weil ich jetzt aber weiß, was wirklich mit ihnen geschieht, tue ich es nicht mehr. Die ganze Untertaucherei bringt den Menschen nur Elend und Leid. Und darum bin ich auch hier. Weil es für Jo viel besser ist, glaub mir das! Ich will sein Bestes. Und jetzt sag mir bitte, wo Jo ist. Du beweist ihm dann erst richtig deine Freundschaft."

Henk war tatsächlich ein bißchen beeindruckt. Die Stimme klang so ehrlich und mitleidig. „Wenn ich's wüßte, würde ich's sagen, aber ehrlich, ich weiß es nicht. Sie haben mir erzählt, daß Jo nicht verhaftet worden ist. Aber wo ist er? Seit gestern habe ich ihn nicht mehr gesehen, das habe ich ja schon gesagt."

„Also schön", sagte der Mann, der jetzt wohl endlich glaubte, daß Henk ahnungslos war, „lassen wir es vorläufig dabei. Aber wenn du Jo siehst, sag ihm, es wäre besser, sich schleunigst im Lager Westerbork zu melden. Seine Eltern sind seinetwegen sehr in Sorge. Es ist besser, wenn er bei ihnen ist."

Damit stand er auf und ging zur Tür. Dort drehte er sich noch einmal um. „Henk", jetzt klang seine Stimme wieder drohend,

„was wir hier besprochen haben, geht keinen etwas an. Du sprichst mit niemandem darüber, hörst du? Mit keinem Menschen!"

„Ja, ich werde nichts sagen", versprach Henk.

„Das rate ich dir auch", brummte der Mann, „sonst geht's dir schlecht. Dann kann ich nichts mehr für dich tun."

Er ging. Henk blieb sitzen. Das mußte er erst einmal verdauen. Jo war geflüchtet und wurde gesucht, das war klar. Aber warum? Meinte es der Fremde wirklich gut mit Jo? Oder war er ein Handlanger der Deutschen? Einer von denen, über die man sagte, daß sie für jeden eingefangenen Juden siebeneinhalb Gulden bekommen? Warum sollte er, Henk, schweigen? Mit keinem Menschen, hatte der Mann gesagt, also auch nicht mit seinen Eltern, auch nicht mit Herrn Klasen.

Henks Mißtrauen flackerte wieder auf. Er beschloß, niemandem etwas zu sagen.

Mittlerweile war es zwölf Uhr geworden, und die Schule war aus. Henk hatte keine Eile. Er wollte den Fragen der Jungen aus dem Wege gehen.

Als er ein paar Minuten später aufstand und nach Hause gehen wollte, kam Herr Klasen herein.

„Ach, Henk, du bist noch hier? Ich dachte, du solltest eingesperrt werden!"

Henk lachte etwas gequält. „Nein, Herr Klasen, so schlimm war es nun auch wieder nicht."

„Was wollte der Mann denn von dir? Du hast doch hoffentlich nichts ausgefressen! Es ist ein bißchen ungewöhnlich, daß ein Polizist während des Unterrichts in die Schule kommt."

Henk war wieder völlig durcheinander. Wenn er nichts sagte, könnte der Lehrer denken, er hätte wirklich etwas Schlimmes getan. Wenn er etwas sagte, wußte er auch nicht, was passieren würde.

Herr Klasen bemerkte seine Verwirrung. Er machte sich Sorgen. Henk war ein ehrlicher Junge, der nicht lügen oder petzen würde. Der Besuch eines Polizisten, der bekannt dafür war, mit den Deutschen zusammenzuarbeiten, gab ihm zu denken. Der Junge würde doch nicht etwas gegen die Deutschen unternommen haben?

„Henk", fragte der Lehrer ernst, „hast du etwas ausgefressen?"

„Nein", flüsterte Henk, „der Polizist hat mir gesagt, ich dürfe nicht erzählen, warum er hier gewesen ist."

Diese Antwort beruhigte Herrn Klasen gar nicht. Ein Polizist, der einem Jungen zu sagen verbot, weswegen er gekommen war! Da steckte noch mehr dahinter.

„Na gut", meinte er schließlich, „wenn du es lieber nicht sagen willst, frage ich auch nicht weiter. Aber das eine rate ich dir – und das behalte bitte für dich –, wenn du diesem Mann jemals wieder begegnest, so sei vorsichtig! Erzähl ihm nichts, rein gar nichts! Ich weiß, daß man ihm nicht trauen kann. Er wird alles versuchen, um dich auszuhorchen, und du weißt nicht, was dabei herauskommt, wenn du ihm etwas erzählst."

Jetzt war Henk völlig durcheinander. Der Polizist behauptete, Jo zu suchen, weil dessen Eltern das wollten, und Herr Klasen meinte, daß man ihm nicht trauen dürfe.

Henk wußte nur: Jo war geflüchtet. Das war im Augenblick das Wichtigste.

Aber wo konnte er sein? Gestern hatte er die Adresse des Verstecks nicht gewußt. Vielleicht hatte sie ihm sein Vater gegeben, dann war er jetzt sicher. Aber es konnte auch sein, daß Jo nicht wußte, wo er bleiben sollte. Und was dann? Vielleicht irrte er irgendwo herum, denn ins Dorf durfte er nicht mehr kommen.

Schließlich stand für Henk fest, daß er doch alles seinem Vater erzählen würde. Wenn er es sich genau überlegte, war das doch das beste.

„So", sagte Herr van Buren, als Henk sein Herz ausgeschüttet hatte, „Jo ist also geflüchtet! Und der Bursche dachte, du hättest ihm dabei geholfen. Das muß er dir erst einmal beweisen. Ja, das ist ein Schuft. Ich kenne ihn gut. Ein Glück, daß du wirklich nichts wußtest, er hätte es vielleicht herausbekommen. Die Folgen wären nicht abzusehen! Jetzt müssen wir versuchen, Jo zu finden. Ich kann mir denken, wo er sich aufhält."

Henks Vater fuhr mit dem Fahrrad weg. Schon nach einer Stunde war er wieder zurück.

„Jo ist nicht da, und er ist auch nicht da gewesen", sagte er beunruhigt. „Ich dachte, er wäre im Versteck. Ich kann mir überhaupt nicht vorstellen, wo er sonst sein könnte. Hast du eine Ahnung, Henk? Weißt du mehr als wir?"

„Nein, woher denn auch", antwortete Henk. „Ich weiß nur, daß er eine Adresse hatte, das hat er mir erzählt. Aber Jo wußte nur, daß es eine halbe Stunde mit dem Fahrrad entfernt war."

„Ja, das stimmt", seufzte Herr van Buren. „Ich bin ratlos. Wer weiß, wo der Junge ist? Und dann ganz allein! Seine Eltern weg, keine Unterkunft. Wie kommt er zurecht? Die Deutschen sind hinter ihm her. Wir können nur abwarten. Er muß zu Hause gewesen sein, als die Deutschen kamen. Also ist er geflüchtet, bevor der Wagen wegfuhr. Das bedeutet, daß er nichts mitnehmen konnte. Keine Kleidung, kein Essen. Vielleicht kriegt er Hunger und steht dann eines Nachts hier vor der Tür. Wir sollten die Luke in der Tür nachts mal offen lassen. Dann kann er hereinkommen, ohne daß es jemand merkt!"

„Aber wir können den Jungen doch nicht einfach seinem Schicksal überlassen", warf Henks Mutter ein. „Stell dir vor, daß unser Junge, daß Henk . . . Ich darf gar nicht daran denken!"

„Ich bin ganz deiner Meinung", stimmte Herr van Buren zu. „Aber wir können wirklich nichts tun. Gar nichts!"

Henk zog seine Jacke an.

„Was hast du vor?" fragte sein Vater.

„Ich suche Jo!"

„Nützt das was? Jo ist gestern abend fortgegangen. Wahrscheinlich ist er die ganze Nacht herumgelaufen. Wie weit kann er da schon sein? Und woher willst du wissen, in welche Richtung er gegangen ist?"

„Das kümmert mich nicht! Wenn ich untätig hier sitzen bleibe, platze ich. Ich rechne gar nicht damit, daß ich ihn finden werde. Wenn ich aber zu Hause bleibe, kommt es mir so vor, als wenn ich ihn im Stich lasse.“

„Also gut, mein Junge, du kannst es ja versuchen“, sagte Henks Vater. „Aber du mußt ganz vorsichtig sein. Du weißt nicht, in welche Falle du tappen kannst. Die Verräter schlafen nicht, und wir haben, Gott sei's geklagt, genügend unzuverlässige Mitbürger.“

„Ich bin vorsichtig“, versprach Henk und ging.

In der Nähe von Meiers Haus gab es die größte Chance, eine Spur zu finden. Sein Vater hatte das zwar verboten, wenn er jedoch aufpaßte, würde kein Mensch ihn sehen. Vorsichtig schlüpfte er durch das Loch in der Hecke, die zwischen Meiers und van Burens Grundstück verlief. So konnte er ungesehen zum Schuppen kommen.

Von dort schlich er zum Haus. An der eingetretenen Hintertür hielt er an. Nichts war zu sehen und zu hören.

Hineinzugehen wagte er nicht. Aber drinnen konnte Jo auch nicht sein. Alles war leer. Die Soldaten hatten gründlich gearbeitet. Enttäuscht ging Henk zum Schuppen zurück.

Da fiel ihm etwas auf. Das große Vorhängeschloß lag neben der Tür auf der Erdc. Sollte Jo etwa...? Aber natürlich konnte Jo nicht dort sein. Die Soldaten hätten ihn sonst gefunden.

Henk konnte der Versuchung, in den Schuppen zu sehen, nicht widerstehen. Man konnte ja nicht wissen. Vielleicht fand er doch einen Hinweis.

Drinnen standen nur die Fahrräder von Jo und seiner Mutter neben einem Haufen wertlosen Gerümpels. Das Rad von Herrn Meier war nicht da.

Henk begriff! Die Reifen der Räder von Henk und seiner Mutter bestanden aus Vollgummi, aus Autoreifen herausgeschnitten. Das Fahrrad von Herrn Meier hatte aber Luftreifen. Die Deutschen beschlagnahmten oft solche Räder. Also hatten sie es mitgenommen.

Nein, im Schuppen wurde er auch nicht klüger.

Und doch – das Vorhängeschloß. War Jo vielleicht zufällig im Schuppen gewesen, als die Deutschen kamen? Hatte er sich verstecken können?

Noch einmal lief Henk durch den Schuppen. Aber nirgends entdeckte er ein geeignetes Versteck.

Auch im Garten fand er keine Spur, bis auf die Abdrücke großer Soldatenstiefel. Enttäuscht setzte sich Henk einen Augenblick auf einen Stein, um nachzudenken. Was würde er an Jos Stelle getan haben?

Es mußte ungefähr halb zehn gewesen sein, als er floh. Also war es dunkel gewesen. Dann hätte er natürlich den Weg gewählt, auf dem er am schnellsten vorangekommen wäre. Nicht durch den Wald – die brechenden Zweige waren zu verräterisch –, sondern den Sandweg entlang. Und dann würde er nach ein paar hundert Metern über einen Wassergraben springen, über eine Hecke klettern und in ein Feld laufen. Dann wäre er nicht zu verfolgen.

Ungefähr zwei Kilometer weiter gab es eine Düne, die von dichtem Gestrüpp umgeben war. Da konnte er sich gut verstekken.

Also, schloß Henk, war Jo dort!

Er war seiner Sache so sicher, daß er aufgeregt zur Düne lief. Aber dort wartete eine Enttäuschung auf ihn.

Obwohl Henk alle Verstecke, die Jo und er kannten, sorgfältig durchsuchte, war nirgends eine Spur von seinem Freund zu entdecken. Als es schließlich so dunkel wurde, daß das Weitersuchen keinen Sinn mehr hatte, machte sich Henk auf den Heimweg.

Unterwegs pfiff er eine Melodie, die sie beide gut kannten. Wenn Jo das hörte, würde er gewiß antworten.

Doch Henk erhielt keine Antwort. Jo war und blieb verschwunden.

7

In der Nacht konnte Henk nicht schlafen. Manchmal döste er ein, schreckte aber gleich wieder auf. Immer mußte er an Jo denken, der wer weiß wo herumirrte, sicher hungrig und durstig. Und er, Henk, konnte nichts tun.

Es begann schon zu dämmern, als Henk endlich in einen unruhigen Schlaf fiel. Er sah Jo im Traum laufen, konnte ihn aber nicht erreichen. Jo bemerkte ihn nicht, und auch nicht den deutschen Soldaten hinter sich.

Wieder wachte Henk schweißgebadet auf. Klopfte da nicht jemand ans Fenster? Hatte Jo eventuell Steinchen dagegen geworfen? Schnell sprang er aus dem Bett, aber draußen war nichts.

Er war nun hellwach, und wieder fragte er sich, wo Jo denn geblieben sein könnte.

Plötzlich wußte er es. „Ich Esel“, schalt er sich selbst, „ich dreimal dummer Esel! Darauf hätte ich doch viel eher kommen können.“

Beim ersten Morgengrauen war Jo bestimmt in den Wald gelaufen, um sich in ihrer selbstgebauten Hütte in Sicherheit zu bringen.

Jetzt hielt Henk es nicht mehr aus. Leise zog er sich an und schlich aus dem Haus. Es war schon recht hell geworden, aber noch so früh, daß die Bauern noch nicht zum Melken auf den Weiden waren.

Bald erreichte Henk den Wald, und eine Viertelstunde später war er bei der Hütte.

Und da lag Jo und schlief! Henk war gewiß nicht leise, doch sein Freund merkte nichts. Manchmal schien es, als wollte er im Schlaf aufspringen. Er strampelte mit den Beinen, schlug mit den Armen um sich und stöhnte. Henk betrachtete ihn lange Zeit. Jo sah schlecht aus. Sein bleiches Gesicht erschien in der Morgendämmerung noch grauer. Über seine Stirn zog sich eine große Schramme, eine Kruste geronnenen Blutes. Das Gesicht war schmutzig, und im Haar hingen Tannennadeln. Über sein Hemd hatte er einen dicken Pullover gezogen, über seiner leichten Sommerhose trug er eine Kordhose. Dennoch war ihm kalt, das sah Henk deutlich. Ab und zu erschauderte er.

Sein Freund hatte sich ein Lager aus Tannenzapfen gemacht. Sein Kopf ruhte auf zwei Fahrradtaschen aus Segeltuch. Neben ihm lag ein angeschnittenes Brot, eine Taschenlampe und Henks Messer.

Jo sah so elend aus, daß Henk es zunächst nicht über sich brachte, ihn zu wecken. Aber er konnte nicht warten, bis Jo von allein wach wurde. Er mußte zurück sein, bevor seine Eltern aufstanden, sonst würden sie sich zu Tode ängstigen.

Henk tippte ihn sachte an die Schulter. „Jo", flüsterte er, „wach bitte auf!"

Das Ergebnis war schrecklich. Jo riß seine Augen auf, blickte gehetzt um sich, schlug mit den Armen und schrie ängstlich: „Nein, nein!"

Henk zuckte zusammen. Was mußte Jo ausgestanden haben! „Jo", sagte er, „ich bin es, Henk."

Jo merkte endlich, daß es kein Feind war, der ihn geweckt hatte. „Henk, du? Wo kommst du denn her? Wie spät ist es?"

„Ich komme von zu Hause", antwortete Henk. „Ich habe dich gesucht. Und es wird ungefähr fünf Uhr sein. Wieso?"

„Fünf Uhr?" seufzte Jo. „Dann dauert es ja noch lange, bis ich weg kann!"

„Was meinst du?" fragte Henk überrascht.

„Na ja, ich kann nicht weiter, bevor es dunkel ist."

„Ja, das dauert noch lange", meinte Henk, „es ist doch erst fünf Uhr morgens!"

„Morgens?" stammelte Jo, „aber dann habe ich . . ."

„Geschlafen. Und ich nehme an, die ganze Nacht durch. Wie bist du hierhergekommen? Ich habe dich gestern abend gesucht, bis es dunkel wurde. Ich dachte, du wärst bei der Düne. Daß du hierher gegangen bist, als es hell wurde, das ist mir aber erst heute morgen eingefallen.“

„Ich bin gleich hierher gegangen“, sagte Jo.

„Gleich? Wie hast du denn in der Dunkelheit den Weg finden können?“

„Es war nicht mehr dunkel. Ich habe die ganze Nacht auf dem Hahnenbalken im Schuppen gesessen.“

„Was erzählst du da?“ rief Henk. „Auf dem Hahnenbalken? Im Schuppen? Und die Deutschen haben dich nicht gefunden?“

„Der eine hat mich bestimmt gesehen“, gab Jo zurück, „aber dem anderen gegenüber, einem Offizier oder so, hat er getan, als ob ich nicht dagewesen sei. Nun, dann gingen sie weg. Aber ich wagte mich nicht hinunter. Ich hatte Angst, daß einer zurückgeblieben sei, um mich zu schnappen. Da war aber niemand. Und dann bin ich im Haus gewesen, um Sachen und Essen zu holen. Danach bin ich hierher gegangen. Es war schon ziemlich hell. Ich wollte hier schlafen und später in der Nacht weitergehen. Zuerst konnte ich nicht einschlafen, weil mir so kalt war. Dann habe ich Tannenzapfen zusammengesucht und mich draufgelegt. Ich muß dann doch eingeschlafen sein, und nun ist es wieder Tag.“

„Was hast du jetzt vor?“ fragte Henk. „Hast du noch Verwandte oder Bekannte, zu denen du gehen kannst?“

„Nein, niemanden. Ich will nur weg, weit weg. Irgendwohin, wo mich niemand kennt. Wo man nicht weiß, daß ich Jude bin.“

„Wie kommst du zu der Schramme? Bist du hingefallen?“

„Nein, als ich Tannenzapfen suchte, sprang dicht neben mir ein Hase auf. Ich war so erschrocken, daß ich mich an einem abgebrochenen Ast stieß. Ist es schlimm?“

„Es geht, aber erst habe ich einen Mordsschrecken bekommen. Was sollen wir jetzt machen? Nach Hause mitnehmen kann ich dich nicht. Die Bauern gehen jetzt zum Melken, und sehen darf dich niemand. Bleib heute hier. Wenn es dunkel ist, komme ich und hole dich. Dann sehen wir weiter. Mein Vater wird schon Rat wissen!“

4 8272-12

„Noch einen ganzen Tag hierbleiben?“ fragte Jo.

„Ja, das ist das beste. Findest du das denn so schlimm?“

„Ja“, seufzte Jo, „entsetzlich. Gestern auch. Manchmal meinte ich, daß da jemand in der Nähe wäre. Dann glaubte ich auch die harte Stimme des Deutschen zu hören. Bitte, Henk“, weinte er plötzlich los, „bitte bleib hier! Ich will nicht alleine sein. Ich muß immer daran denken, wie der ‚Einsteigen!‘ gerufen hat. Dann fuhr der Wagen weg. Mit meinen Eltern! Und ich saß oben im Schuppen. Meinen Vater haben sie geschlagen, weil er gesagt hat, ich sei nicht da ... Ich habe solche Angst, Henk. Bitte, geh nicht weg, bleib hier!“

Henk wußte nicht, was er machen sollte. Bliebe er hier, dann würden seine Eltern unruhig werden. Jo jetzt im Stich lassen, das konnte er auch nicht.

„Weißt du, was ich mache?“ sagte er nach einer Weile. „Ich gehe jetzt nach Hause und frage, ob ich heute nicht zur Schule brauche. Wenn ich sage, daß du hier bist, haben meine Eltern bestimmt nichts dagegen. Dann komme ich sofort zurück. In einer halben Stunde bin ich wieder da!“

„Und wenn deine Eltern nicht einverstanden sind, was dann?“

„Dann schwänze ich eben“, versprach Henk fest entschlossen. „Ich bleibe heute bei dir. Aber sie haben sicher nichts dagegen.“

Henk behielt natürlich recht. Seine Eltern freuten sich, daß Jo gefunden worden war, und sein Vater ging selbst zu Herrn Klasen, um seinen Sohn vom Unterricht zu befreien. Nach einer knappen halben Stunde war Henk wieder bei Jo, und die beiden verbrachten den Tag gemeinsam in der Hütte.

Henk sah ein, warum der vorige Tag für Jo so schrecklich gewesen war. Sogar jetzt, da sie zu zweit waren, krochen die Stunden dahin. Laut zu sprechen, wagten sie nicht. Wußten sie doch nicht, ob Jo von irgend jemandem gesucht wurde.

Jo hingegen fühlte sich viel besser. Henk hatte eine große Thermosflasche mit heißer Milch mitgebracht, davon wurde ihm schön warm. Dann erzählte Jo alle Einzelheiten seiner Flucht.

Langsam vergingen die Stunden. Draußen war es ziemlich

warm, in der Hütte aber blieb es kühl. So kühl, daß den Jungen die Zähne klapperten, als die Dämmerung begann. Zu gerne wären sie schon aufgebrochen. Doch wollten sie kein Risiko eingehen.

Erst als es ganz dunkel war, wagten sie sich aus der Hütte. Draußen lauschten sie erst einmal.

Totenstille.

„Wir können gehen", sagte Henk nach einer Weile. "Aber nicht zusammen. Ich laufe ein Stück voraus. Wenn ich jemanden treffe, sage ich freundlich, aber laut ‚guten Abend'. Du versteckst dich dann sofort in einem Graben oder kriechst hinter ein Gebüsch, bis die Gefahr vorbei ist. Ich pfeife den ganzen Weg vor mich hin. Solange du das hörst, ist alles in Ordnung. Außerdem weißt du dadurch, wie weit ich ungefähr von dir entfernt bin."

„Aber die Fahrradtaschen mit meinen Sachen – was wird damit?"

„Die laufen schon nicht weg. Hier bei unserer Hütte ist bisher niemand gewesen. Es wäre schon ein Zufall, wenn jetzt einer käme. Wir kommen besser voran, wenn wir nichts schleppen müssen. Ich hole das Bündel morgen. Nimm die Taschenlampe und das Messer, das reicht."

Einen Augenblick warteten die Jungen noch. In der Ferne brüllte eine Kuh, sonst war nichts zu hören.

„Ich gehe jetzt", flüsterte Henk. „Bis gleich!"

Fröhlich pfeifend marschierte er los. Jo folgte ihm im Abstand von hundert Metern.

Henk wartete in der Nähe seines Hauses auf ihn.

„Es ist besser, du wartest hier", flüsterte er. „Man kann nicht wissen, was inzwischen passiert ist. Ich hole dich sofort, wenn die Luft rein ist."

Glücklicherweise war alles in Ordnung, und Henk war auch bald zurück. „Komm mit", sagte er leise. „Wir gehen durch die Hintertür; mein Vater hat sie schon aufgemacht."

Wie froh war Jo, als er in der vertrauten Stube saß! Er sah sich um. Er hatte das Gefühl, mindestens zwei Jahre weggewesen zu sein. Auch Henks Eltern freuten sich. Sie mochten Jo und waren glücklich, daß sie etwas für ihn tun konnten.

Noch einmal mußte Jo alles erzählen. Frau van Buren liefen die Tränen über die Wangen. Immer mußte sie denken: Wenn das meinem Jungen passieren würde!

„Jedenfalls“, sagte sie, „bist du hier vorläufig sicher!“

Ihr Mann fiel ihr ins Wort. „Das meinst du! Jo ist hier nicht in Sicherheit. Er muß noch heute abend in ein anderes Versteck! Denkst du, der Polizist gibt Ruhe? Bestimmt nicht. Vielleicht läßt er sich in den ersten Tagen nicht sehen. Ebensogut kann er aber schon diese Nacht hier aufkreuzen. Du hast keine Ahnung, was diese Banditen alles anstellen können!“

„Ja, aber, Jo kann doch heute nicht mehr weg“, meinte Henk, „er ist doch völlig fertig!“

„Weiß ich alles, mein Junge“, antwortete der Vater. An seiner Stimme konnte man hören, wie schwer es ihm wurde. „Aber er muß weg. Wir dürfen kein Risiko eingehen. Wir werden ihm nicht mehr als notwendig zumuten, glaub mir. Wir beide bringen ihn gleich weg. Jo geht hinter mir her, und du, Henk, fährst mit dem Fahrrad voraus. Bei Gefahr gibst du uns mit der Taschenlampe ein Zeichen. Dann kann sich Jo verstecken, bis die Gefahr vorüber ist. Hierzubleiben wäre zu gefährlich. Wenn Jo sich etwas ausgeruht hat, gehen wir los.“

Jo sagte gar nichts, aber sein Gesicht drückte Enttäuschung aus. Er hatte sich so gefreut, bei Henk bleiben zu können. Und wenn es nur für eine Nacht gewesen wäre. Aber er verstand auch Herrn van Buren.

„Mir geht’s schon viel besser“, sagte er tapfer. „Wir können jetzt gehen!“

„Aber erst wird noch gegessen“, bestimmte Henks Mutter. „Mit leerem Magen kommst du mir nicht weg. Und waschen mußt du dich auch noch. Mit so einem schmutzigen Gesicht kannst du nicht zu anderen Leuten gehen. Die Schramme an der Stirn wird auch erst behandelt.“

Eine halbe Stunde später brachen sie auf. Der Abschied von Frau van Buren fiel Jo schwer.

Henks Mutter ging es ebenso. Sie umarmte Jo herzlich. „Mach’s gut, Junge, mach's gut! Paß auf dich auf! Was auch geschieht, du weißt, hier bist du immer willkommen. Ich kümmere mich darum, daß du noch etwas zum Anziehen bekommst. Henks Sachen passen dir ja!"

Jo brachte keinen Ton heraus. Er küßte Henks Mutter auf beide Wangen, während ihm die Tränen in die Augen schossen. Henks Vater hätte in diesem Moment viel darum gegeben, Jo dazubehalten, aber es ging nicht. Es durfte nicht sein.

Herr van Buren gehörte der Widerstandsbewegung an, und wenn die Gruppe, zu der er gehörte, entdeckt würde, hätte das auch für Jo Folgen. Der Polizist würde sich bestimmt bei ihnen melden. Und bei einer Hausdurchsuchung hätten sie kein Versteck für den Jungen. Außerdem würden dann noch die Waffen und gefälschten Lebensmittelmarken gefunden. Und dann vielleicht die ganze Widerstandsorganisation aufgedeckt werden.

Dennoch – so einen Jungen, beinahe noch ein Kind, zu wildfremden Menschen bringen zu müssen, das war nicht leicht. Entsetzlich hart war das, aber es war nicht zu ändern.

„Kommt, Jungens", sagte Herr van Buren heiser, „kommt, wir gehen jetzt, es ist höchste Zeit. Henk, in einer halben Minute folgen wir dir. Alles klar?"

Herr van Buren hatte Henk eingeweiht. Es war dieselbe Adresse, bei der auch die ganze Familie Meier hätte untertauchen sollen.

Auf dem Weg passierte nichts. Jo wurde von seinen Pflegeeltern herzlich empfangen. Sie waren zwar überrascht, statt der erwarteten drei Personen nur eine zu sehen, auch darüber, daß Jo zwei Tage später als verabredet erschien. Aber das war in der Zeit nichts Ungewöhnliches, daß eine Verabredung nicht eingehalten werden konnte; darüber regte man sich nicht weiter auf.

Jos Schicksal beeindruckte die Bauersleute sehr. Die Bäuerin drückte ihn mitleidig an sich. „Ach, Junge, das ist ja ganz schlimm", meinte sie. „Wir werden alles tun, damit du es hier gut hast."

„Wir werden wirklich unser Bestes tun!" versicherte auch Bauer

Berends. „Erwarte aber nicht, daß du hier ein Luxuszimmer bekommst, hörst du? Wir müssen immer damit rechnen, daß die Deutschen hier auftauchen. Dann sollen sie nichts finden. Auf der Diele ist ein großer Heuhaufen aufgeschichtet. Unter dem Heu ist dein Versteck. Es ist nicht groß. Aber ich glaube, du wirst da gut schlafen können. Den Deutschen möchte ich sehen, der dich da findet. Alles ist ein bißchen behelfsmäßig, besonders der Eingang ist eng und klein. Willst du es dir mal ansehen?"

„Wir gehen dann zurück", sagte Henks Vater. „Es ist spät geworden, und Jo muß nun endlich schlafen. Er hat ein paar schwere Tage hinter sich!"

„Ich möchte eigentlich, daß ihr euch eben noch anguckt, wie Jo zurechtkommt", meinte der Bauer. „Man kann nicht ahnen, was passiert, und ich möchte, daß ihr für den Notfall wenigstens wißt, wie man zum Versteck gelangt. Und du, Henk, willst doch auch gern sehen, wo dein Freund schlafen soll."

Natürlich wollte das Henk, aber er hatte sich nicht zu fragen getraut.

„Komm nur mit", forderte ihn Berends auf.

Auf der Diele, nahe beim Pferdestall, stand neben einem Heuballen eine große Kiste. Anderthalb Meter lang und einen Meter hoch, bis oben hin mit Hafer gefüllt. Ein Vorrat, aus dem die Pferde ihre Tagesration zugeteilt bekamen.

„Schaut euch die Kiste gut an", grinste Berends, „vielleicht fällt euch was auf."

Neugierig besahen sie sich die Kiste, aber da war nichts Besonderes zu entdecken.

„Ist was mit der Kiste?" fragte Henk schließlich. „Ich glaube, Sie halten uns zum Narren."

„Vielleicht, vielleicht auch nicht", lachte der Bauer. „Ich sehe, ihr kommt nicht darauf. Paßt mal auf!" Er steckte seinen Arm bis zum Ellenbogen in den Hafer. Man hörte ein leises Klicken. „Drückt mal kräftig gegen den Mittelteil der Vorderwand."

Mit einiger Mühe ließ sich ein Teil der Vorderwand wegdrükken, und zum Erstaunen der drei wurde ein Eingang, 65 cm hoch und 60 cm breit, sichtbar.

„Was sagt ihr nun?“ grinste Berends.

„Hervorragend, einfach hervorragend“, rief Henks Vater. „Wie funktioniert das denn?“

„Eigentlich ist das ganz einfach“, erklärte der Bauer. „Hier im Hafer sitzt eine Sperre. Wenn ich die anziehe, kann die Luke geöffnet werden. Dann ist da noch eine Feder, so daß sich die Luke wieder schließt, sobald jemand hineingegangen ist. Von innen kann sie natürlich auch geöffnet werden. An beiden Seiten der Luke liegt der Hafer einen Meter hoch, über der Luke nur 35 Zentimeter. Das fällt nicht auf, und der Eingang ist groß genug, um durchzukriechen. Sehen wir mal hinein.“

Nacheinander krochen sie durch die Luke. Direkt hinter der Kiste konnten sie aufrecht stehen. Sie kamen in einen etwa drei Meter langen Gang, dann standen sie vor einem Türchen. Dahinter war Jos Kämmerchen. Es war nicht groß, ungefähr zweieinhalb Meter lang und dreieinhalb Meter breit. Ein Feldbett stand darin, und auf dem Fußboden lagen noch zwei Matratzen. Die Wände bestanden aus Holz, und an einem Draht unter der Decke hing eine Sturmlaterne. Auf einem Bord lagen ein paar Bücher, und an der Wand gegenüber dem Feldbett hing ein Bild, auf dem eine flatternde niederländische Fahne zu sehen war. Der Fahnenmast allerdings war krumm!

Gebogen – nicht gebrochen! stand in zierlichen Buchstaben unter dem Bild.

Herr van Buren stand bewegt davor. „Das ist richtig“, sagte er gerührt. „Wer hat das gemacht?“

„Ein anderer Gast, der eine Zeitlang hier gewohnt hat!“ antwortete der Bauer. „Ein wichtiger Mann. So wichtig, daß er hier vierzehn Tage hintereinander verbringen mußte. Er wollte schließlich gar nicht mehr herauskommen. Er hat das Bild zum Zeitvertreib gemalt, vielleicht auch, um anderen, die hierher kommen, etwas Mut zu geben. Er selbst war auch nicht kleinzukriegen. Ein Kerl, wie wir viele in diesem Land brauchen.“

„Jedenfalls wird das Bild jeden hier ermutigen“, meinte Henks

Vater. Die beiden Jungen sagten nichts, dachten aber dasselbe.

Ob Jo hier den ganzen Krieg über bleiben sollte, in diesem fensterlosen Raum, erkundigte sich Henk.

„Bestimmt nicht“, beruhigte ihn Bauer Berends, „Jo wird hier nur schlafen. Tagsüber kann er ruhig in die Stube kommen oder nach draußen gehen. Vorsichtig muß er allerdings sein, und er darf keine Dummheiten machen. Wir haben vorgesorgt, daß wir nicht unbemerkt besucht werden. Zunächst haben wir ein paar prächtige Schäferhunde, die sehr wachsam sind und gefährlich aussehen. Sie lassen keinen Fremden auf das Grundstück. Dann haben wir auch noch einige Gänse. Die laufen wie die Hunde Tag und Nacht frei herum. Ihr wißt, daß es keine besseren Wächter als Gänse gibt. Sie warnen sogar in der Nacht, wenn sie von weitem etwas Verdächtiges hören. Also, ganz so einfach können uns die Deutschen nicht überraschen. Trotzdem muß man selbstverständlich vorsichtig sein. Das heißt, Jo, wenn dir irgend etwas nicht geheuer vorkommt, verschwindest du in deinem Versteck und kommst nicht eher heraus, bis du gerufen wirst!“

Jo sagte nicht viel. Weiß war er um die Nase. Kein Wunder! Ganz allein in so einem Versteck, und das nach allem, was er bereits durchgestanden hatte.

Herr van Buren bemerkte das. “Fürchtest du dich vor dem Alleinsein?“ fragte er.

Jo sagte nichts, er nickte nur. Dann begann er plötzlich zu weinen. Völlig hilflos sahen Henks Vater und Bauer Berends einander an. Wie sollten sie Jo auch trösten?

„Ich verstehe ihn ja“, flüsterte Herr van Buren. „Wenn man sich in seine Lage versetzt . . . Aber was können wir tun?“

„Darf ich diese Nacht hierbleiben?“ bat Henk. „Da liegt doch noch eine Matratze. Dann ist es für Jo leichter!“

„Möchtest du das auch, Jo?“ fragte Herr van Buren. Jo nickte heftig mit dem Kopf.

„Also gut, dann bleibt dein Freund hier“, sagte Berends herzlich. „Das heißt, wenn sein Vater zustimmt.“

„Ich habe nichts dagegen“, sagte Herr van Buren. „Morgen ist

Sonnabend, da braucht Henk sowieso nicht zur Schule."

„Wenn Henk keinen Unterricht hat, kann er ruhig bis Sonntag abend hierbleiben", meinte der freundliche Bauer. „Ein Stück Brot und ein paar Kartoffeln werden wir schon noch haben. – Leute, ich glaube, daß wir nun genug gesehen haben. Ich schlage vor, daß wir noch einen Kaffee trinken, und dann wird's auch langsam Zeit für unsere Jungen."

„Macht es wirklich keine Umstände, wenn Henk hierbleibt?" erkundigte sich Herr van Buren, als sie in der großen Küche saßen. „Die Lebensmittelrationen sind nicht groß, und Henk hat nichts bei sich. Jetzt habt ihr auf einmal zwei Kostgänger. Wenn es nötig ist, sorge ich dafür, daß morgen Lebensmittel geliefert werden."

Der Bauer und seine Frau begannen laut zu lachen. „Es gibt zwei Dinge auf Erden, die unmöglich sind", antwortete Berends, „einen Fisch ertrinken zu lassen und einen Bauern zum Verhungern zu bringen. Macht euch keine Sorgen, wir haben genug, auch wenn statt zwei zwölf Gäste kämen."

Kurz danach verließ Henks Vater den Bauernhof. Der Bauer verabschiedete ihn. „Seid unbesorgt", sagte er, „meine Frau kann mit Kindern umgehen, eigene haben wir leider nicht. Aber ich bin ganz sicher, daß Jo sich hier bald wie zu Hause fühlen wird!"

„So, Leute", sagte er, als er wieder in die Stube trat, „nun wird's langsam Zeit fürs Bett, denke ich. Aber bevor ihr verschwindet, mache ich euch noch mit den Hunden bekannt. Astor und Kasan heißen sie. Dann wissen die auch, daß ihr hierher gehört, und machen euretwegen keinen Krach."

Er ging wieder hinaus und kam kurze Zeit später mit den Hunden herein. Die Tiere waren sehr lebhaft und begrüßten die Bäuerin so herzlich, daß sie beinahe mit ihrem Stuhl umkippte.

Zögernd näherten sie sich den Jungen, um sie dann ausführlich zu beschnüffeln. Die Jungen waren nicht ängstlich, obwohl die Tiere gefährlich aussahen. Beide mochten sie Hunde gern und traten ihnen ohne Furcht entgegen. Das gefiel den Tieren, und das

Eis war gebrochen. Die Freunde waren als Hausgenossen aufgenommen – auch von den Hunden.

„So, und jetzt marsch ins Bett“, bestimmte der Bauer. „Marie, hast du noch zwei Schlaftabletten?“ Als er merkte, daß die Jungen etwas einwenden wollten, fuhr er fort: „Ich will ja nur euer Bestes. Fast alle, die hier gewesen sind, haben viel durchgemacht und Probleme mit dem Einschlafen gehabt.“

Jo war die Tablette auch ganz recht, denn er hatte nur noch einen Wunsch: schlafen – fest und lange.

Beide Jungen verschwanden mit einer Decke unter dem Arm in der Geheimkammer.

Jo sollte auf dem Feldbett schlafen, Henk auf einer Matratze. Doch Jo konnte nicht einschlafen, trotz der Tablette. Er wälzte sich herum und bekam kein Auge zu. Obwohl er Henk in der Nähe wußte, fühlte er sich allein, erschreckend einsam. Das ganze Elend, die Abwesenheit seiner Eltern, die schlimmen Stunden dort oben auf dem Hahnenbalken und später in der Hütte – es war einfach zuviel gewesen.

Endlich hielt er es nicht mehr aus. Er stieß Henk sachte an. Der schlief fest, wurde aber sofort wach. „Was ist denn?“ flüsterte er. „Ist was los?“

„Ach, Henk, ich kann nicht einschlafen. Ich bin – nein, ich habe Angst. Bleib doch bitte wach, laß uns ein bißchen plaudern!“

„Aber warum hast du mich denn nicht eher geweckt?“ murmelte Henk schlaftrunken. „Ich bin doch hier, um dir Gesellschaft zu leisten. Weißt du, was wir machen? Du kommst vom Feldbett herunter. Wir legen die Matratzen nebeneinander, dann sind wir nahe beisammen und können gut miteinander sprechen.“

Das wollte Jo gern. Kurze Zeit später lagen die beiden nebeneinander, aber aus dem Gespräch wurde nicht viel. Jetzt, neben Henk, fühlte sich Jo geborgen. Fünf Minuten später schlief er fest wie ein Murmeltier.

8

Die Jungen schliefen lange. Es war schon nach zehn Uhr, als sie endlich zum Vorschein kamen. Die Bäuerin schälte in der Küche Kartoffeln. Der Bauer war aufs Feld gefahren.

„Na, ihr Schlafmützen“, begrüßte sie die Freunde. „Ihr habt es ja lange ausgehalten. Ich habe mir schon Sorgen gemacht. Ich brauche euch, glaube ich, nicht zu fragen, ob ihr gut geschlafen habt.“

„Herrlich“, sagte Henk – nicht ganz wahrheitsgemäß, denn er fand es unnötig, der Bäuerin von Jos Angst zu erzählen.

„Und nun habt ihr wohl großen Hunger?“ fragte Frau Berends.

„Ehrlich gesagt, ja“, lachte Henk. „Es ist schon lange her, daß wir zuletzt etwas gegessen haben.“

Jo sagte nicht viel. Er war noch immer blaß und hatte dunkle Ringe unter den Augen. Die Frau sah das wohl, ließ sich aber nichts anmerken.

„Gegen Hunger wollen wir schleunigst was unternehmen“, sagte sie herzlich. „Was ist mit dir, Jo? Da auf dem Tisch steht das Frühstück für die jungen Herren. Wenn es nicht reicht, sagt es ruhig. Ich habe ein Tuch drübergelegt, denn auf einem Bauernhof gibt es viele Fliegen. O ja, ich habe keinen Tee gekocht. Damit muß ich sparsam sein. Ich habe beinahe keinen mehr, und den Tee-Ersatz, den kann man ja nicht trinken. Aber vielleicht mögt ihr Milch.“

„Milch, o ja, bitte“, antwortete Jo, der es an der Zeit fand, doch endlich etwas zu sagen. Man hätte sonst denken können, daß er sich nicht wohl fühlte. Er wollte so gerne sagen, daß er für die Aufnahme dankbar und froh war, aber er fand keine Worte dafür.

„Hoffentlich schmeckt euch mein Brot“, bemerkte die Bäuerin. „Es ist selbstgebacken, erwartet also nicht zuviel davon.“

Henk entfernte das Tuch. Den Jungen fielen fast die Augen aus dem Kopf: ein Riesenstapel Butterbrote von außerordentlichen Ausmaßen, reichlich mit Käse belegt, für jeden ein Ei und eine große Kanne mit eiskalter Milch.

„Na, ja", schmunzelte Henk, der einen Mordshunger hatte, „da werden wir gerade eben mit auskommen! Mensch, was sieht das einladend aus! Sieh mal, Jo, das leckere Brot. Das ist aber was anderes als das graue Zeug, das man nur auf Marken bekommt!"

„Greift zu, Jungen", forderte die Bäuerin auf.

Das ließen sich die Freunde nicht zweimal sagen. Bald hatten sie mächtige Löcher in die Vorräte gegessen. Auch Jo aß wie ein Scheunendrescher. Aber ganz schafften sie es nicht. Es war einfach zu viel.

Die Bäuerin räumte dann den Tisch ab und begann mit dem Abwasch. Jo nahm sofort ein Trockentuch und half ihr.

„Laß das mal", sagte Frau Berends. „Das braucht ihr doch nicht. Ich schaffe das auch alleine!"

„Ich helfe doch gerne", meinte Jo. „Ich habe meiner Mutter auch oft geholfen. Und Sie tun doch auch so viel für mich", fügte er leise hinzu. „Ich . . . ich weiß nicht, ich meine . . . Ich weiß nicht, wie ich es ausdrücken soll!"

„Erzähl keine Geschichten", sagte die Bäuerin ernst. „Wir tun nur unsere Pflicht. Wenn du den Krieg überstehst, ist das für uns Belohnung genug. Aber wenn ihr gerne helfen wollt, dann finde ich das prima. Ich sehe, daß du ein geschickter Junge bist, und eine Hilfe kann man immer gebrauchen."

Damit war Jo als Haushaltshilfe akzeptiert. Er machte seine Sache gut, so daß Frau Berends bald verkündete, niemals ein besseres Hausmädchen gehabt zu haben.

Gegen zwölf Uhr kam der Bauer nach Hause. „Sind die Burschen doch noch aufgestanden? Und wie geht's, Jo? Hast du dich schon ein bißchen eingewöhnt?"

„Och ja, danke", antwortete der Junge etwas zögernd.

Und mir hilft er!" rief die Bäuerin aus der Küche. „Jo ist im Haushalt perfekt!"

„Sieh an“, freute sich Berends, “demnächst müssen wir ihm noch Lohn auszahlen! Marie, wie weit ist das Essen?“

„Noch ein halbes Stündchen, wenn's recht ist!“

„In Ordnung, dann kann ich den Jungen noch etwas zeigen“, sagte Berends.

Sie gingen hinaus. Es war herrliches Wetter.

„Wir wollen hier anfangen“, begann Berends. „Seht mal, da ist der Kanal. Der ist ungefähr zwölf Meter vom Hof entfernt. Von dort droht uns wohl kaum Gefahr. Das Wasser ist übrigens ziemlich tief. Die nächsten Nachbarn, vertrauenswürdige Leute, wohnen etwa zweihundertfünfzig Meter weiter. Wenn du einmal weglaufen mußt, Jo – man kann nie wissen –, versuche dann unbeobachtet dorthin zu kommen. Die Leute werden dir weiterhelfen. Hinter unserem Hof liegt der Acker. Er ist einen Kilometer lang. Auch von dort kann keiner kommen, der hier nichts zu suchen hat, denn der Acker grenzt auch an einen Kanal. Er bildet die Grenze meines Landes. Eigentlich erreicht man uns nur von der Straße aus, und die ist gut und gerne dreihundert Meter von uns entfernt. Die Strecke von dort bis hierher unbemerkt zurückzulegen, ist keine leichte Aufgabe. Denkt an die Hunde und an die Gänse! Jo, du bist hier ziemlich sicher. Das will aber nicht heißen, daß du unvorsichtig sein darfst, Wenn du mal in der Nacht Gesellschaft bekommst, mußt du nicht erschrecken. Es geschieht schon mal, daß sich ein Besucher einquartiert, den wir im Gästezimmer nicht gebrauchen können . . . Hier im Hof und im Garten kannst du herumlaufen, meinetwegen auch am Kanal angeln. Aber achte immer darauf, daß du nicht gesehen wirst. Nur auf den Acker darfst du nicht. Am besten bleibst du innerhalb der Heckenumzäunung. So, jetzt wird das Essen schon auf dem Tisch stehen. Kommt rein!“

Der Bauer hatte recht. Auf dem Tisch stand eine große Terrine Eintopf. Henk freute sich. Nicht, weil er besonderen Hunger hatte, sondern weil er Eintopf mit Fleisch besonders gerne mochte.

Jo sah allerdings etwas komisch drein, als die Bäuerin ihm eine ziemliche Portion auftat. Dem Bauern fiel das auf.

„Was ist, Jo“, fragte er, „hältst du nichts von Eintopf?“

„Doch“, sagte Jo verlegen, „aber ich weiß nicht, ob ich dies . . .“

„Kapiert“, unterbrach ihn der Bauer. „Du willst wissen, ob du ihn essen darfst. Klar, Junge, als Jude willst du nicht von euren Sitten abweichen, darfst also kein Schweinefleisch essen. Aber ich kann dich beruhigen. Ich habe euch doch von dem Mann erzählt, der vierzehn Tage in deinem Kämmerchen gewohnt hat. Mit dem habe ich mich unterhalten, und der hat gesagt, daß in Notfällen die jüdischen Gebräuche nicht eingehalten werden müssen. Und hier liegt doch ein Notfall vor, also iß man ruhig. Der Mann war übrigens ein Rabbiner!“

Jo war beruhigt. Zögernd begann er zu essen. Zuerst war ihm der Geschmack etwas fremd, aber das legte sich bald.

„Nun muß ich so langsam nach Hause“, meinte Henk nach dem Essen. „Ich möchte Ihnen nicht länger zur Last fallen.“

Jo schwieg, verzog aber betroffen das Gesicht.

Die Bäuerin sah es. „Warum willst du denn weg“? fragte sie Henk. „Bleib doch bis morgen abend. Dein Vater hat’s doch erlaubt. Für Jo ist es besser, Gesellschaft zu haben.“

„Ich habe eine Idee“, warf Berends ein. „Du gehst erst heim, holst dann Jos Sachen aus der Hütte und kommst heute abend zurück.“

Jos Gesicht hellte sich auf. Er begann sich zwar einzugewöhnen, aber der Gedanke, die ganze Nacht allein im Versteck zubringen zu müssen . . .

Henks Eltern waren froh, als ihr Junge zurück war, hatten aber nichts dagegen, daß er auch in der folgenden Nacht bei Berends schlief. Sie verstanden Jos Angst und auch, daß Henk seinen Freund nicht im Stich lassen wollte.

Gegen Abend holte Henk Jos Sachen aus der Hütte. Alles lag noch genauso da, wie es die Jungen liegengelassen hatten. Also war inzwischen niemand dagewesen.

Zu Hause hatte Henks Mutter noch Unterwäsche und ein Paar Schuhe für Jo bereitgelegt. Zusammen ein beachtliches Bündel, so daß Henk aus allen Poren schwitzte, als er bei Berends wieder ankam. Jo freute sich sehr und wurde, wie gewöhnlich, rot vor Verlegenheit.

„Das ist doch zu verrückt", sagte er, „jetzt laufe ich in deiner Wäsche herum, und du hast vielleicht bald selbst nichts mehr anzuziehen."

Er hatte recht, denn Kleidung gab es nur auf Kleiderkarten, und die Zuteilungen waren so gering, daß man nur das Nötigste bekommen konnte.

Henk lachte. „Ach was, mach dir mal keine Sorgen!"

Frau Berends freute sich sehr über die sechs Päckchen Tee in Jos Rucksack. „Vorläufig bekommt ihr nur sonntags eine Tasse echten Tee. Der Krieg ist noch lange nicht vorbei. Ich glaube, es wird noch einige Zeit dauern, bis wir wieder echten kaufen können", sagte sie.

„Aber für heute gilt das nicht", bestimmte ihr Mann. „Heute abend trinken wir echten Tee auf das Wohl unseres Gastes. Aber auch darauf, daß ich noch eine Überraschung habe. Seht mal her!" Er hielt ein langes Paket hoch.

Neugierig öffnete es seine Frau und schlug vor Überraschung die Hände über dem Kopf zusammen.

Im Paket lagen zwei große, herrlich duftende Christstollen.

„Donnerwetter", rief sie, „wie kommst du denn daran?"

„Tja, das ist mein Geheimnis", schmunzelte ihr Mann. "Aber ich will es verraten, sonst läßt du mir ja doch keine Ruhe. Die Stollen sind von Bäcker van Dijk. In seiner Nachbarschaft gibt es viele Untergetauchte, und die Lebensmittelrationen sind in letzter Zeit ziemlich klein geworden. In den Gemeindeämtern haben die Deutschen Tresore einbauen lassen. Man kann also kaum noch Lebensmittelmarken entwenden. Aber die Untergetauchten müßten doch zu essen haben. Da habe ich mit Weizen ausgeholfen. Dafür brachte van Dijk mir heute diese Christstollen. Er sagt, sie seien mit guter Butter gebacken. Ein bißchen komisch, im Sommer Christstollen. Ich denke aber, sie werden uns auch jetzt schmecken. Was meint ihr, Jungen?"

„Wir können sie jedenfalls probieren“, griente Henk.

Als sie alle am Tisch saßen, war Jo sehr still. Die Teerunde erinnerte ihn an seine Eltern und an sein Zuhause. Aber ein bißchen froh war er auch darüber, daß er mit dem Tee denen danken konnte, die ihn wie ihr eigenes Kind aufgenommen hatten.

Jo war auf dem Bauernhof bald heimisch geworden. Die Einsamkeit und das Alleinschlafen in seinem Versteck bedrückten ihn bald nicht mehr so sehr. Übrigens – wirklich allein war er selten. In der dritten Nacht wurde er plötzlich wach. Eigentlich nur halb wach. Er hatte das Gefühl, daß etwas Schweres auf ihm lastete. Schlaftrunken tastete er über die Decke und erschrak. Er fühlte etwas Haariges, Warmes. Vor Schreck schlug er mit den Armen um sich. Er dachte, Ratten oder andere gruselige Tiere hätten da Platz genommen. Dann wagte er, seine Taschenlampe abzuknipsen. Und da erkannte er im Lichtstrahl einen seiner besten Freunde.

Felix, der große schwarze Kater, war irgendwie hereingeschlüpft und hatte sich zu ihm gelegt. Darüber mußte Jo natürlich lachen.

„Warte, du schwarzer Bandit!“ schalt er, „was sind das für Manieren? Mich so zu erschrecken! Pfui, schäm dich!“

Miau, antwortete Felix und sprang auf das Bett.

Seitdem kam der Kater regelmäßig. Meistens ging er gleich abends mit Jo schlafen, oder er schlich nachts durch ein enges Luftloch nach drinnen und drängte sich behaglich schnurrend an seinen Freund. Der fand das prächtig.

Nein, vor dem Alleinsein war Jo nicht mehr bange. Wenn er einmal aus einem Traum aufschreckte, war es gut, das vertraute

Schnurren zu hören und das weiche Fell von Felix zu spüren.

Am Anfang träumte Jo viel. Immer wieder erlebte er den entsetzlichen Abend, an dem seine Eltern abgeholt worden waren. Dann erschauderte er so, als ob er die Kälte in dem Schuppen noch spürte. Er hörte dann wieder die harte, grausame Stimme des Deutschen, das Schlagen der Türen, das Brummen des fortfahrenden Autos. Er erlebte erneut die schrecklichen Stunden, die er allein in der Hütte zugebracht hatte, die marternde Ungewißheit über das Schicksal seiner Eltern. Es war furchtbar, nicht zu wissen, ob sie noch im Lager oder schon abtransportiert waren. Ob sie überhaupt noch lebten?

Durch Henks Vater, der überall Verbindungen hatte, auch zum Lager Westerbork, erfuhr er, daß seine Eltern noch dort waren, und daß es ihnen den Umständen entsprechend gutging. Seinen Vater, der sehr geschickt war, hatte man für den Lagerdienst zurückgestellt, seine Mutter arbeitete in der Lagerreinigung.

Wie Henks Vater das herausbekommen hatte, wußte Jo nicht, es war ihm auch egal. Seine Eltern lebten, waren gesund, und das allein zählte.

Herr van Buren erzählte nicht, wie er seine Informationen vom niederländischen Personal des Lagers bekommen hatte. Viele Menschen, die für deutschfreundlich gehalten wurden, taten in Wirklichkeit viel für ihre jüdischen Landsleute, manchmal unter schwierigen Umständen und in Gefahr für ihre eigene Freiheit.

Felix war nicht die einzige Gesellschaft für Jo. Regelmäßig, oft mitten in der Nacht, kamen andere Gäste. Meistens waren es junge Männer aus der Widerstandsbewegung, die für einige Zeit untertauchen mußten.

Die Maßnahmen gegen die Niederländer wurden um so strenger, je mehr Schwierigkeiten der Krieg den Deutschen machte. Hitler brauchte immer mehr Soldaten. Deutsche, die bisher noch nicht eingezogen worden waren, weil sie zu alt oder in ihren Fabriken unabkömmlich gewesen waren, wurden einberufen und nach kurzer Ausbildung an die Front geschickt. Folglich produzierten die Fabriken nicht mehr so viel Waffen, wie die Wehrmacht benötigte. Deshalb setzte Hitler Zwangsarbeiter aus den besetzten Gebieten in den Fabriken ein.

Denen kam es natürlich nicht in den Sinn, in Hitlers Fabriken Waffen herzustellen, die gegen das niederländische Heer, gegen die Flotte, die Luftwaffe und gegen die Alliierten eingesetzt wurden. Also tauchten damals viele unter. Das brachte große Schwierigkeiten mit sich, denn Lebensmittel gab es nur auf Marken, und die Untergetauchten bekamen selbstverständlich keine Karten. Wovon sollten sie aber leben?

Die tapferen Burschen aus dem Widerstand sorgten für Lebensmittel. Sie brachen nachts in die Gemeindebüros ein und stahlen massenweise Lebensmittelmarken. Aber dann wurden dort Tresore eingebaut, in denen man die Marken verwahrte.

Der Untergrund gab nicht auf. Man begann die Büros am Tag zu überfallen. Dann zwang man die Angestellten, die Marken herauszugeben und verschwand so schnell, wie man gekommen war.

Auf Befehl der Deutschen mußten die Büros nun den ganzen Tag von einem Polizisten bewacht werden. Das erschwerte natürlich die Überfälle. Der niederländischen Polizei konnte man im allgemeinen vertrauen. Sie war gegen Hitler und sein Regime eingestellt. Das machte sich der Untergrund zunutze. Mit dem Polizisten wurde vorher der Zeitpunkt eines Überfalls abgesprochen. Der Mann zog sich dann zurück, z. B. um auf die Toilette zu gehen. In dem Augenblick erschienen die Untergrundkämpfer. Sie waren mit ihrer Beute über alle Berge, wenn der Beamte zurückkam. Der machte dann ein großes Geschrei, rannte mit gezogener Pistole die Straße rauf und runter, doch ohne Erfolg.

Die Untergrundkämpfer gingen nur das kleinste Risiko ein. Wenn auch die Möglichkeit der Entdeckung gering war, hielten sich die Täter nach einem Überfall eine Zeitlang verborgen. Eines ihrer Verstecke war bei Bauer Berends.

Jo bewunderte diese tapferen Männer, die sich furchtlos für Land und Volk einsetzten. Er hätte gerne mitgemacht, aber dafür war er noch zu klein. Obendrein würde er vielleicht als Jude erkannt werden. Das hätte schreckliche Folgen für ihn und andere Menschen gehabt. Er mußte sich verborgen halten, denn er wurde immer noch gesucht. Das wußte er von Henk, der von dem Mann in dem schwarzen Auto noch zweimal über ihn ausgefragt worden war. Henk, der nun wußte, daß der Mann ein Spitzel war, hatte sich dumm gestellt.

Henk besuchte Jo regelmäßig, blieb auch ab und zu über Nacht. Das waren Festtage für Jo. Dann hörte er wieder etwas von seinen Freunden, von der Schule und vor allem von den Fußballspielen.

Willem Pool spielte noch immer nicht mit. Die anderen Jungen lehnten ihn ab, auch, weil Willems Vater deutschfreundlich zu sein schien, was er natürlich nicht zu erkennen gab. Es war aber auffällig, daß er immer noch sein Radiogerät besaß, an seinem Fahrrad noch immer Luftreifen waren, und als die Pferde eingezogen wurden, war er der einzige, der sein Tier behalten konnte.

Das alles verstärkte das Mißtrauen gegen ihn. Beweisen konnte man ihm nichts, bis zu jenem Sonnabendmorgen, als er sich beim Dorffriseur die Haare schneiden ließ. Als er beim Bezahlen sein Portemonnaie aus der Tasche holte, fiel ihm eine kleine Plakette heraus. Ein anderer Kunde hob sie auf.

Es war eine dreieckige Anstecknadel, auf der die Buchstaben NSB standen. Der NSB war die „Nationalsozialistische Bewegung“, eine Partei, die auf Hitler schwor. Sie tat alles, um die Niederlande in kürzester Zeit zu einer deutschen Provinz zu machen. Willems Vater wurde bleich, als der Finder ihm das Parteiabzeichen zurückgab und voller Mißachtung sagte: „Bitte schön, Willem, dein Abzeichen. Das Ding solltest du aber an deine Jacke stecken, dann verlierst du es nicht!“ Pool hatte irgend etwas gemurmelt, wie „auf der Straße gefunden“, aber das glaubte keiner. Danach traute ihm niemand mehr, und das Mißtrauen übertrug sich auch auf seinen Sohn.

Mehr noch als früher mieden ihn die anderen Jungen. Willem machte sich jedoch nichts daraus. Er suchte Anschluß bei den Jungen, deren Väter ebenfalls zur NSB gehörten, und dort wurde er auch gern aufgenommen. Das Grüppchen war so klein, daß jede Verstärkung willkommen war.

Es gefiel Willem da auch gut, denn er als der Größte und Stärkste konnte bald die Rolle des Bosses übernehmen. Später wurde die ganze Gruppe Mitglied beim „Jugendsturm" – und er der offizielle Führer. Auf seine Uniform war er besonders stolz. Allerdings muß gesagt werden, daß die auch ganz schneidig aussah. Sie bestand aus einer hellblauen Bluse, einer dunkelblauen Halsbinde, einer dunkelblauen Hose und einer hellblauen Mütze, wobei der Mützenschirm merkwürdigerweise orangefarben war. Und das in einer Zeit, in der die Deutschen jeden einsperrten, der es wagte, irgend etwas Orangefarbenes zu tragen.

In Deutschland gab es eine Jugendorganisation, die „Hitlerjugend" hieß. Und nach diesem Vorbild richtete sich der niederländische „Jugendsturm". Man sagte, dieser Jugendbund habe die Aufgabe, die Jugend zu gesunden und verantwortungsvollen Menschen zu erziehen.

In Wirklichkeit aber war es eine Art vormilitärischer Ausbildung. Die Mitglieder hatten nichts zu sagen. Nur die Befehle ihrer Führer mußten sie befolgen. Beim Marschieren sangen die Jungen Soldatenlieder. Ihr Inhalt handelte meist vom Vaterland, das über alles ging, wofür man kämpfen, wenn nötig auch sterben mußte.

Man begrüßte sich, indem man den rechten Arm hob und „Hou zee" rief, den niederländischen Nazigruß.

Willem hatte alle die Dinge, die ein Jungstürmer kennen mußte, schnell gelernt. Das verlieh ihm großes Ansehen, und das wollte er auch. Er mußte etwas zu sagen haben.

Es war ein Donnerstagabend, als er bei seiner Rückkehr vom „Dienst" von dem Polizisten mit dem schwarzen Auto in der Nähe seines Hauses abgepaßt wurde.

„Hör mal, Junge", sagte der Mann, „bist du nicht der Willem Pool?"

„Jawohl", antwortete Willem überrascht, „warum?"

„Halt mal eben an, ich muß etwas mit dir besprechen. Ich habe dich mit einem Trupp Jungstürmer gesehen. Du hast deine Gruppe prima in Schwung. Aus dir wird noch einmal etwas, ein

Offizier oder ein Polizist!“

Willem wurde vor Stolz rot. Das war ein Kompliment! „Ja“, sagte er, „die Jungen gehorchen mir. Aber ich weiß auch genau, wie alles ablaufen muß.“

„Das habe ich gesehen. Ausgezeichnet, Junge“, lobte ihn der Polizist. „Ich wollte, du wärst schon älter. So eine Hilfe wie dich könnte ich gut gebrauchen. Denn für die Polizei gibt es immer viel zu tun. Weißt du, die Leute helfen uns einfach nicht. Die sind so dumm, das kannst du dir gar nicht vorstellen. Die denken, wir wären nur dazu da, die Menschen zu verhaften. Das ist natürlich Quatsch. Nur die Kerle, die staatsgefährdend sind, die müssen wir haben. Zum Beispiel Juden, Untergetauchte und auch die Schurken, die die Gemeindebüros überfallen. Die sind nämlich schuld daran, daß die Lebensmittel für die ehrlichen Menschen immer knapper werden. Übrigens, hast du eine Ahnung, wo dieser Joel Meier steckt?“

„Jo Meier? fragte Willem überrascht. „Der ist doch schon vor Monaten zusammen mit seinen Eltern abgeholt worden. Eines Abends ist ein großes Auto gekommen und hat sie fortgebracht.“

„Stimmt leider nicht“, behauptete der Polizist. „Die Eltern haben wir, aber der Junge ist uns entwischt. Er ist nirgends zu finden. Weißt du denn das nicht? Du wirst doch wohl davon gehört haben!“

„Kein Wort“, rief Willem. Und er sagte die Wahrheit, denn im Dorf wußten nur ganz wenige Menschen, daß Jo entkommen war. Und die hielten natürlich dicht.

„Hast du wirklich nie etwas davon gehört?“ fragt der Mann ungläubig.

„Nein, ich habe keine Ahnung!“

„Aber Jos Freunde kennst du doch? Oder warst du selbst mit ihm befreundet?“

„Befreundet? Mit dem Juden?“ entgegnete Willem voller Verachtung. „Da hat sich nichts abgespielt. Das letzte Mal, als ich ihn gesprochen habe, sollte ich einen Ball für ihn wiederholen, der außerhalb unseres Fußballfeldes lag. Da ist er aber bei mir abgeblitzt. Dann wollte er sich mit mir prügeln. Dem habe ich's aber gezeigt! Danach habe ich ihn kaum noch gesehen. Er ging mir immer aus dem Weg!"

„Das kann ich mir denken", grinste der Polizist. „Ich glaube, du bist ein gescheiter Junge. Vielleicht kannst du mir helfen!"

„Was soll ich tun?" fragte Willem, der Jo die Prügel heimzahlen wollte.

„Ja, was sollst du tun?" meinte der Polizist. „Hör zu, du mußt dich – wie soll ich es sagen – wie ein Geheimpolizist verhalten! Hör dich bei den Leuten ein bißchen um. Ich habe so das Gefühl, daß Jo noch hier in der Gegend ist. Vielleicht erfährst du etwas, was mich auf seine Spur bringt. Benachrichtige mich dann. Ich gebe dir meine Anschrift. Denk aber daran, niemand darf erfahren, daß du mit der Polizei zusammenarbeitest, dann erfährst du nämlich gar nichts."

Damit steckte er Willem seine Visitenkarte zu. Darauf stand:

L. van Klaveren
Kastanjeweg 134
Assen
Telefon 1532

„Ruf mich an, wenn du was weißt, oder schick mir eine Nachricht in einem verschlossenen Umschlag. Auch die Postbeamten brauchen nicht zu wissen, daß du unser Mitarbeiter bist."

Mensch, das war aber toll! Von der Polizei beauftragt, von der Geheimpolizei sogar! Willem kam sich unheimlich wichtig und erwachsen vor. „Wenn Jo hier in der Gegend ist, kriege ich es bestimmt heraus", sagte er stolz.

„Davon bin ich überzeugt", schmunzelte der Mann. „Ich muß jetzt weg. Streng dich an, und sage mir Bescheid, wenn du was siehst oder hörst. Und zu keinem Menschen ein Wort!" Dann startete er den Motor und fuhr fort.

Stolz wie ein Pfau stapfte Willem nach Haus. Er – ein Polizist! Nur schade, daß er es keinem erzählen durfte. Besser wäre es gewesen, man hätte ihn gleich offiziell eingestellt. Mit Uniform und einer großen Pistole am Gürtel. Aber soweit war es leider noch nicht. Obwohl – man kann ja nie wissen! Wenn er seine Spürarbeit gut machen würde!

Der Polizist glaubte, daß jemand Jo helfen würde. Das konnte nur einer sein: Henk van Buren. Henk und Jo hatten doch immer zusammengehockt, also ...

Willem entschloß sich, Henk genau zu beobachten. In den ersten Tagen hielt er sich ständig in dessen Nähe auf. Nichts wies darauf hin, daß Henk etwas mit Jos Verschwinden zu tun hatte. Er spielte wie immer mit den anderen Jungen Fußball, war oft allein, manchmal aber auch gemeinsam mit anderen im Wald. Zuerst glaubte Willem, daß Henk bei seinen Streifzügen mit Jo zusammenträfe. Er folgte ihm zuweilen, achtete aber darauf, nicht gesehen zu werden. Es geschah nichts, so daß Willem bald überzeugt war, daß Jo nicht irgendwo im Feld kampierte. Nach einer Woche hatte er vom Herumspüren eigentlich schon die Nase voll und hätte am liebsten aufgegeben, wenn ihn der Polizist nicht immer wieder ermutigt hätte. Alle paar Tage kam er, um sich zu informieren, ob Willem etwas erfahren hatte.

An einem Sonnabendmittag hatte Willem sich vorgenommen, zum Angeln zu gehen. Er hatte gehört, daß in dem Kanal, von dem aus ein Stichkanal an Berends' Hof vorbeiführte, in der letzten Zeit große Brassen gefangen worden waren.

Ungefähr um zwei Uhr kam er dort an. Er war nicht der einzige Angler. Mehrere saßen bereits am Ufer und beobachteten ihre Schwimmer. Willem bereitete seine Angel vor und wollte gerade die Schnur auswerfen, als er in der Ferne eine bekannte Gestalt heranradeln sah.

Es war Henk, der auf dem Weg zu seinem Freund war.

Sofort beschloß Willem, ihm zu folgen. Henk in dieser Gegend! Das mußte doch etwas bedeuten!

Eilig versteckte er sich zwischen einigen Sträuchern. Gerade noch zur rechten Zeit, denn da fuhr Henk auch schon fröhlich pfeifend an ihm vorüber. Sofort kam Willem wieder zum Vorschein und rollte hastig die Angelschnur ein.

„Du bist mir ja ein toller Angler", lachte ein älterer Mann, der neben ihm saß, „einer, der schon aufgibt, bevor die Angel überhaupt im Wasser gewesen ist!“

Willem murmelte etwas über einen Auftrag, den er vergessen habe, aber nun schnell erledigen müsse. Er beeilte sich, aber als er endlich auf der Straße stand, sah er von Henk nichts mehr. Einen Augenblick lang wußte Willem nicht, was er tun sollte. Dann beschloß er, in die Richtung zu fahren, in der Henk verschwunden war. Man konnte ja nicht wissen...

Er beobachtete scharf die Gegend. Aber es war nichts Verdächtiges zu bemerken. An der Abzweigung, von der aus ein Weg zu Berends' Hof führte, stieg Willem vom Rad. Diese Gegend kannte er nicht. Was sollte er jetzt machen?

Er entschied sich, hier zu warten. Am Kanalufer machte er die Angel klar und setzte sich zwischen die Sträucher. Kein Mensch konnte ihn hier sehen, und wenn Henk erschien, würde Willem zumindest wissen, aus welcher Richtung er kam. Vielleicht konnte er dann kombinieren...

Kein Fisch biß an. Stunde um Stunde verrann, und Willem fühlte sich unbehaglich. Am liebsten wäre er weggegangen. Weil er aber daran dachte, daß er dem Polizisten beweisen mußte, ein vorzüglicher Spitzel zu sein, blieb er doch sitzen. Es wurde später und später. Die Sonne ging schon unter, und Henk ließ sich nicht blicken.

Willem gab auf. Mit einem Ruck zog er die Angel heraus, und bald war er auf dem Rückweg.

Keine fünf Minuten später radelte Henk vom Hof. Er war in Eile, denn er war länger als beabsichtigt bei Jo geblieben. Henk mußte noch vor der Dunkelheit zu Hause sein, denn seine Fahrradlampe funktionierte nicht.

Er kannte jedoch eine Abkürzung.

Und dann passierte es, daß der erste, dem Willem im Dorf begegnete, Henk van Buren war. Willem begriff gar nichts mehr. Verbissen nahm er sich vor, Henk am folgenden Sonnabend besonders gut im Auge zu behalten. Er war fest davon überzeugt, daß er bei Jos Verschwinden seine Hand im Spiel hatte.

10

Am nächsten Sonnabend stand Willem Pool gleich nach dem Mittagessen am Fußballplatz. Er wollte herausbekommen, ob gespielt wurde, und ob Henk mit dabei war.

Alle Jungen waren versammelt, bis auf Henk.

Eine Weile sah Willem sich das Spiel an, dann verschwand er in Richtung Kanal. Dort begann er wieder zu angeln, doch beobachtete er weniger seinen Schwimmer als vielmehr die Straße. Und dieses Mal hatte er mehr Glück.

Etwa eine halbe Stunde später tauchte Henk auf. Willem kroch noch tiefer zwischen die Sträucher und wartete gespannt, wohin Henk fahren würde. Wenn er nicht in den abzweigenden Weg einbiegen würde, wollte er sofort hinterher. Dann würde er seine Angel einfach hier verstecken. Wenn Henk aber die Abzweigung nahm, hätte es keine Eile. Denn dieser Weg, das wußte Willem, führte zu einem Hof.

Und Henk fuhr in den Seitenweg. Was Willem erwartet hatte, trat ein. Beim Bauernhof sprang Henk vom Rad und wurde von zwei riesigen Schäferhunden begrüßt. Unbekannt schien er dort also nicht zu sein, denn er begann sofort, mit den Hunden herumzutoben. Dann erschien ein großer, kräftiger Mann, bestimmt der Bauer. Sie sprachen kurz miteinander und gingen anschließend ins Haus.

Immer sicherer war sich Willem, das Versteck von Jo gefunden zu haben. Er mußte es jedoch ganz genau wissen, denn vor dem Polizisten wollte er sich nicht blamieren. Aber wie sollte er es anstellen? Einfach den Weg entlangfahren? Das konnte ins Auge gehen. Wenn Henk oder Jo ihn entdeckten, würden sie sich fragen, was er hier zu suchen habe. In jedem Falle würden ihn die Hunde bemerken. Und daß die sich bei einem Fremden still verhalten würden, nein, damit rechnete er nicht.

Willem konnte nur warten und unaufhörlich den Hof beobachten. Vielleicht würde sich Henk zusammen mit Jo blicken lassen. Zu schade, daß er kein Fernglas hatte.

Die Zeit verging, aber auf dem Hof blieb es ruhig. Von Jo und Henk keine Spur! Willem kamen Zweifel. War Jo wirklich da, oder war Henk nur gekommen, um etwas zu besorgen? Milch oder Korn? Denn auch in den Dörfern war die Lebensmittelversorgung schlechter geworden. Auf Karten bekam man nicht genug, also backten viele Hausfrauen ihr Brot selbst und stellten auch Butter her. Das war zwar verboten, aber man kümmerte sich nicht darum. Jedenfalls waren die meisten Leute im Dorf mit Bauern befreundet und holten sich von denen das Nötigste.

Es war also nicht unmöglich, daß Henks Eltern hier Bekannte hatten. Aber, so fragte sich Willem, warum holt Henk gerade hier die Lebensmittel? Er wußte, im Dorf waren genügend Bauern, die van Burens gerne helfen würden. Und warum blieb Henk so lange? Es war schon beinahe drei Uhr. Vermutlich half er noch ein bißchen auf dem Hof...

Da kam der Bauer heraus und kurze Zeit später auch Henk. Sie gingen zusammen zur Hecke. Berends begann sie zu schneiden, während Henk ihm interessiert zusah. Danach kam die Bäuerin und leistete ihnen Gesellschaft. Dann erschien eine vierte, kleinere Gestalt. Sie ragte gerade mit dem Kopf und den Schultern hinter der Hecke hervor.

Die Entfernung war zu groß, um genau erkennen zu können, ob es Jo war. Aber Willem zweifelte nicht daran. Eine Weile blieb er noch in der Hoffnung liegen, den Jungen einmal in voller Größe zu sehen, aber das klappte nicht. Der blieb hinter der Hecke stehen, und gerade das bestärkte Willem in seiner Annahme.

Eine halbe Stunde später gingen die vier wieder ins Haus. Willem fand, daß er genug gesehen hatte.

Wieder im Dorf, brachte er erst einmal sein Rad ins Haus. Dann ging er sofort in die Nähe von Henks Haus, um dessen Rückkehr abzuwarten. Waren seine Fahrradtaschen leer, so war er nicht wegen Lebensmitteln unterwegs gewesen.

Bei Einbruch der Dunkelheit kam Henk und hatte keine Taschen am Rand. Auch auf dem Gepäckträger lag nichts.

Nun wußte Willem genug. Er hatte Jo gefunden.

Montag mittag kam der Polizist „zufällig“ wieder vorbei. „Na, was ist?“ fragte er nach einem einleitenden Gespräch.- „Weißt du, wo der Judenjunge ist?“

„Ja!“ prahlte Willem stolz. „Jo ist bei einem Bauern am Weg nach Veendorp.“ Und er schilderte genau seine Beobachtungen.

„Ich muß wirklich sagen, daß du deine Sache hervorragend gemacht hast“, lobte ihn der Polizist. „Ich habe ja gewußt, wen ich mit der Sache betrauen konnte. Du wirst keinen Ärger deswegen bekommen. Denk aber daran: zu niemandem ein Wort, klar. Sonst haut Jo uns noch ab. Also dieser Henk van Buren steckt doch hinter dieser Sache. Ich hab's doch geahnt! Sein Vater wird auch davon wissen. Gut, dahinter kommen wir auch noch, und dann kriegen die ihr Fett, das sage ich dir. Wir werden uns in den nächsten Tagen mal bei dem Bauern umsehen.“

„Verhaften sie den Jo denn nicht gleich?“ fragte Willem enttäuscht.

„O nein, damit haben wir keine Eile. Erst müssen wir wissen, ob der Bauer noch mehr auf dem Kerbholz hat. Wer Juden versteckt, dreht auch noch andere krumme Dinger. Vielleicht schlagen wir mehrere Fliegen mit einer Klappe. Paß du weiterhin auf! Wenn du genau weißt, daß Henk nicht da ist, radelst du am Hof vorbei. Vielleicht siehst du noch andere Fremde oder Dinge, die dir verdächtig vorkommen. Du mußt mir alles erzählen, jede Kleinigkeit. Alles kann für uns von Bedeutung sein. Aber das brauche ich dir nicht erst zu sagen. Du hast ja keine Tomaten auf den Augen. Ich weiß es schon lange, du taugst zur Polizeiarbeit und verstehst, die Dinge anzupacken. In dir steckt ein guter Polizist, das habe ich dir schon mal gesagt.“

Willem blühte auf. Das Lob tat ihm wohl, und er merkte nicht, wie der Polizist ihn nur noch weiter anspornen wollte.

Welche Folgen würde Willems Verrat für die Beteiligten haben? Er dachte gar nicht darüber nach. Er freute sich nur, daß er eine alte Rechnung mit Jo begleichen konnte. Mit Henk übrigens auch. Denn den Kampf auf dem Schulhof hatte er noch nicht vergessen.

Willem hatte jetzt viel zu tun. Er nahm seine Sache sehr ernst. Jeden Abend, wenn er Henk im Dorf wußte, fuhr er zur Abzweigung zu Berends' Hof. Er war so beschäftigt, daß er sogar seinen „Jugendsturm" im Stich ließ. Er sah jetzt ein bißchen geringschätzig auf das kindische Getue herab. Das war doch mit echter Polizei- und Fahndungsarbeit nicht zu vergleichen.

Zu seiner Enttäuschung passierte auf dem Hof gar nichts.

Nach einer Woche wagte er es, trotz der großen Hunde, direkt am Haus vorbeizufahren. Die Hunde schlugen auch an, blieben jedoch auf dem Grundstück. Die Tiere waren offensichtlich gut abgerichtet, stellte er mit Erleichterung fest, bedachte aber nicht, daß die Hunde die Bewohner warnten. Willem entdeckte nichts.

Jo war schnell wie ein Hase im Versteck verschwunden, und die Bäuerin beobachtete hinter der Gardine die Ruhestörer. Sie war etwas überrascht, einen fremden Jungen vorüberfahren zu sehen. Viel Aufmerksamkeit schenkte sie dem Vorfall aber nicht. Sie meinte, der Junge habe sich verfahren. Er würde schon merken, daß der Weg nicht weiterführte. Tatsächlich, nach kurzer Zeit schlugen die Hunde wieder an, und der Junge kam zurück.

„Komm wieder heraus!" rief die Bäuerin Jo zu. „Fehlalarm!"

Zwei Wochen vergingen, und das Aufpassen hing Willem schon zum Halse heraus. Aber er hielt durch. Er fragte nur den Polizisten immer wieder, ob er nichts unternehmen wolle, und er bekam ständig die gleiche Antwort: „Immer mit der Ruhe, Junge, das geht schon in Ordnung. Wir schlagen im richtigen Augenblick zu!"

11

„Henk“, sagte Frau van Buren, „wenn du Zeit hast, kannst du mal zu Bauer Baumann gehen. Frau Baumann hat mir heute morgen gesagt, sie habe im Augenblick viele Eier übrig. Eigentlich müßte sie die abliefern, doch die Kontrolleure wüßten ja nicht, ob die Hühner viel oder wenig legen.“

„Gern“, schmunzelte Henk, „so ein Ei schmeckt immer, und ich scheue keine Mühe, eins zu kriegen. Ich fahre gleich los.“

„Du brauchst für das kurze Stück doch kein Fahrrad“, meinte seine Mutter. „Du gehst höchstens fünf Minuten zu Fuß. Komm bald wieder! Meistens bleibst du bei Baumanns stundenlang sitzen.“

Henk lachte. „Tja, wenn Bauer Baumann erst mal in seinem Lehnstuhl sitzt, bin ich machtlos. Ich mag ihn furchtbar gern, er erzählt so spannende Geschichten.“

„Meinetwegen kannst du auch ein bißchen bleiben“, antwortete die Mutter. „Morgen muß du ja nicht zur Schule, es macht also nichts, wenn du etwas später kommst. Es ist sowieso besser, wenn du erst im Dunkeln zurückkommst. So gerne habe ich das nicht, wenn du mit den Eiern gesehen wirst. Paß aber auf, daß du nach zehn Uhr nicht mehr auf der Straße bist.“

„Na klar“, versprach Henk.

Bauer Baumann freute sich über Henks Besuch. Er war ein geselliger Mann, und die Abende wurden ihm sehr lang. Vor allem, seit in den Zeitungen nichts mehr außer deutschen Siegen zu lesen war.

Die Zeitungen durften nämlich nur das bringen, was die Deutschen ihnen vorschrieben. Und mit der Wahrheit nahmen die es nicht so genau. Die Menschen in den besetzten Gebieten und auch in Deutschland sollten unbedingt glauben, daß Deutschland den

Krieg gewinnen würde. Um zu verhindern, daß man andere Nachrichten hörte, hatten die Deutschen auch alle Radioapparate beschlagnahmt. Aber nicht alle Niederländer hatten ihre Geräte abgegeben. Viele Empfänger wurden versteckt, und mit ihnen wurden die englischen Berichte abgehört, so daß die niederländische Bevölkerung gewöhnlich viel besser über das Kriegsgeschehen unterrichtet war, als es den deutschen Besetzern lieb war.

Auch Baumann hatte sich für ein paar Gulden einen alten Apparat zugelegt, ihn dann abgeliefert und sein eigenes Gerät irgendwo versteckt aufgestellt.

Als Henk eintrat, hörte er gerade die letzten Nachrichten von Radio Oranien, dem niederländischen Sender in England. Die Nachrichten klangen gut, deshalb war Baumann auch in ausgezeichneter Stimmung. Er erzählte einen Witz nach dem anderen.

Henk kam aus dem Lachen nicht heraus. Die Zeit verging wie im Fluge, und es war fünf Minuten vor zehn Uhr, als er auf die Uhr schaute. Henk erschrak. „Ich muß rennen“, sagte er besorgt, „wenn ich angehalten werde, dazu noch mit fünfzig Eiern, sitze ich in der Tinte!“

„Dann laß die Eier hier“, sagte Baumann, „die kannst du morgen auch noch holen. Es läßt sich besser laufen, wenn man nichts zu schleppen hat.“

„Sie haben recht, ich werde sie morgen holen. Man kann nie wissen“, stimmte Henk zu.

Der Bauer brachte ihn hinaus. „Lauf neben der Böschung“, riet er ihm, „es ist besser, wenn dich bestimmte Leute nicht sehen, außerdem hört man dich da auch nicht. Heutzutage ist viel neugieriges Volk unterwegs.“

Es war stockdunkel. Obwohl Henk den Weg kannte, war ihm unheimlich zumute. Der Himmel war bedeckt, so daß man keine Sterne sah. Henk hatte den Eindruck, als hätte er ein Tuch vor den Augen. Nach einer Weile konnte er wenigstens die Umrisse der Bäume erkennen, die sich schemenhaft gegen den Himmel abhoben.

Auf dem Nachhauseweg mußte er an dem Haus von Willem

Pool vorüber. Unwillkürlich lief Henk langsamer. Seit bekannt war, daß Herr Pool auf der Seite der Deutschen stand und sein Sohn im „Jugendsturm“ war, wurde der Familie sehr mißtraut. Obwohl man ihm nichts beweisen konnte, glaubten alle, Herr Pool sei ein Kollaborateur, ein Verräter.

Kein Wunder also, daß Henk von den Pools nicht bemerkt werden wollte. Das Haus stand etwa sechs Meter vom Weg entfernt. Als Henk vorbeiging, knarrte die Vordertür, und er hörte Schritte.

Henk erschrak und wagte nicht, weiterzugehen. Nach dem Geräusch zu urteilen, waren zwei Personen herausgekommen.

„Mensch“, hörte Henk die eine sagen, „ist das eine Dunkelheit. Ich werde mein Auto kaum finden!“

„Wo haben Sie es denn abgestellt?“ fragte die andere. Und Henk erkannte Willem Pools Stimme.

„Am Dorfende auf einem Sandweg“, antwortete die erste Stimme.

„Ich dachte, es wäre besser, nicht hier vorm Haus zu parken. Wir dürfen nicht zusammen gesehen werden, die Leute reden so viel. Also, unsere Verabredung ist klar, nicht wahr? Du sorgst dafür, daß die Päckchen morgen mittag bei Berends über die Hecke kommen. Dann werden diese Herrschaften und der Judenjunge morgen abend ihr blaues Wunder erleben, das versichere ich dir!“

„Bringen sie die Päckchen vorher hierher?“ fragte Willem.

„Nein, gut daß du mich daran erinnerst. Lieber nicht. Man kann nie wissen . . . Hör zu! Ich bin morgen genau um Viertel nach vier Uhr an der Brücke. Du bist bitte auch da. Dann gebe ich dir die Päckchen.“

„Eine Frage noch – die Gänse? Die schnattern, wenn man in ihre Nähe kommt.“

„Das macht nichts“, lachte der Mann. „Wenn die Hunde still sind, wird sich der Bauer um die Gänse nicht kümmern. Und die Hunde schlagen nicht an, das versichere ich dir. Zumindest nicht, wenn du alles richtig machst.“

Henk war verblüfft, denn in diesem Augenblick hatte er die

Stimme erkannt. Sie gehörte dem Polizisten, der ihn ein paarmal ausgefragt hatte. Plötzlich wußte er, daß Jos Versteck entdeckt und Willem der Verräter war. Henk blieb regungslos stehen. Sein Herz klopfte so laut, daß er fürchtete, die beiden anderen könnten es hören.

„Was ich dir noch sagen will“, fuhr der Polizist fort, „behalte Henk van Buren im Auge! Ich vermute, der Junge und sein Vater tun Dinge, die nicht an den Tag kommen sollen. Du wirst ihn morgen beschatten.“

„Mach ich“, versprach Willem. Wieder einmal kam er sich ungeheuer wichtig vor.

Beschatten – das war richtige Detektivarbeit!

„Ich verlasse mich auf dich“, sagte der Polizist und ging. Zum Glück lief er in die Richtung, die auch Henk einschlagen mußte, sonst hätte er ihn vielleicht noch entdeckt.

Willem trat wieder ins Haus.

Henk wartete noch ein paar Minuten, bevor er weiterging.

Der Polizist lief mitten auf der Straße, so daß Henk am Geräusch seiner Fußtritte die Entfernung schätzen konnte.

Der Junge achtete sorgfältig darauf, daß er ihm nicht zu nahe kam. Er war heilfroh, als er endlich wieder zu Hause war.

„Junge, wo bleibst du nur?“ seufzte seine Mutter. „Du hattest doch fest versprochen ...“

„Ja, Henk“, unterbrach sie sein Vater, „so geht das nicht! Aber was hast du denn? Du bist ja kreidebleich! Ist dir nicht gut?“

„Doch – nein ... Stellt euch vor, Jo ist verraten worden!“ sprudelte es aus Henk heraus. „Dieser miese Kerl, Willem Pool, hat ihn verraten, und morgen abend wollen die Deutschen bei Berends Haussuchung machen!“

„Was sagst du?“ riefen die Eltern entsetzt. „Jo verraten? Willem Pool? Woher weißt du das?“

„Ich habe es mit meinen eigenen Ohren gehört! Ich bin ein bißchen länger bei Baumanns geblieben. Ich hätte aber noch vor zehn zu Hause sein können. Als ich bei Pools Haus war, kam gerade Willem mit dem Polizisten heraus, der mich verhört hat.

Ich ging neben der Böschung, deshalb haben sie mich nicht gesehen und gehört. Worüber sie sich unterhielten, habe ich genau verstanden. Willem Pool muß morgen Päckchen über Berends' Hecke werfen!"

„Was denn, Päckchen über die Hecke? Bei Berends? Ich verstehe gar nichts mehr. Erzähl doch mal alles der Reihe nach, vielleicht verstehe ich es dann."

„Hm", machte Herr van Buren, als Henk fertig war, „zweifellos wissen sie, daß Jo dort ist. Wie gut, daß du alles mithören konntest. Jetzt haben wir wenigstens noch Zeit, die Lage zu besprechen. Zuerst muß Jo vom Hof weg, denn wenn die ihn suchen, finden sie möglicherweise auch das Versteck. Dann müssen wir verhindern, daß Berends und seine Frau verhaftet werden. Das geht nur, wenn man auch nicht den kleinsten Anhaltspunkt dafür erhält, daß dort Untergetauchte gewesen sind. Das wird schwierig werden, Henk, denn Jo ist zur Zeit nicht allein. Gestern abend sind drei weitere Männer gekommen. Die müssen also auch alle in ein neues Versteck gebracht werden. Den jungen Pool behältst du morgen den ganzen Tag über im Auge. Was das mit den Päckchen soll, verstehe ich noch immer nicht. Auf jeden Fall sind wir gewarnt, und das ist schon etwas." Herr van Buren machte eine Pause, bevor er fortfuhr.

„Und nun unsere Gegenmaßnahmen ... Berends muß morgen gleich Bescheid bekommen. Am besten ist es, du gehst morgen früh angeln, Henk, gleich nach vier, denn vorher darfst du ja nicht auf die Straße. Auf einem Umweg über den Fluß, wo du die Angel versteckst, gelangst du zum Hof. Gegen fünf mußt du dort sein. Die Gefahr, daß Willem zu der Zeit schon wach ist, ist gering. Du erzählst Berends alles haargenau und sagst ihm, daß ich gegen acht komme. Dann gehst du denselben Weg wieder zurück. Wenn es noch zu früh ist, kannst du unterwegs angeln. Gegen acht aber mußt du zurück sein. Vielleicht steht dann der junge Pool schon auf seinem Posten und denkt, du bist am Fluß gewesen. Nach dem Frühstück machst du einen Spaziergang im Wald. Lauf, wohin du willst. Achte aber darauf, daß Willem dir wirklich folgt. Am

Nachmittag gehst du wie gewöhnlich zum Fußballspielen. Dabei läßt er dich sicher in Ruhe, denn er muß seine Päckchen holen. Und nun kommt's! Bei Einbruch der Dunkelheit machst du dich auf den Weg zum Hof. Du bringst die drei Männer und Jo auf Umwegen ins Dorf, und zwar zu Herrn Klasen. Ich benachrichtige ihn noch. Er muß die Gruppe einen Tag in der Schule verstecken, und dann werden wir weitersehen."

„Ist das alles nicht schrecklich gefährlich?" fragte Henks Mutter besorgt.

„Gewiß ist das gefährlich", entgegnete Henks Vater ernst, „aber wir haben keine andere Wahl. Wir dürfen Jo und die drei Männer doch jetzt nicht im Stich lassen. Ich bin sicher, Henk wird sehr vorsichtig sein. Die Frage ist nur, ob wir es Henk zumuten dürfen. Du trägst eine große Verantwortung, Junge, denk daran. Es geht um Menschenleben!"

„Ich weiß", sagte Henk mutig. „Aber Jo ist mein Freund, und dem helfe ich selbstverständlich."

„Hoffentlich klappt es", seufzte Frau van Buren.

„Wenn Henk die Schleichpfade nicht so gut kennen würde, bäte ich ihn nicht", meinte ihr Mann. „Jetzt gehen wir schlafen. Du mußt morgen früh raus, Junge."

In dieser Nacht schlief Henk schlecht. Die Verantwortung belastete ihn. Er wußte, daß das Gelingen von Vaters Plan zum großen Teil von ihm abhing.

12

Henk meinte, gerade erst eingeschlafen zu sein, als sein Vater ihn weckte. Es dauerte einige Zeit, bis er sich wieder an alles erinnern konnte. Aber dann war er völlig wach.

Nach einem kräftigen Frühstück ging er um Viertel nach vier zu seinem Fahrrad, an dem sein Vater schon die Angel festgebunden hatte. Nach langen Umwegen traf er kurz vor fünf auf dem Bauernhof ein. Berends saß noch am Kaffeetisch.

„Nanu", sagte er, „du bist ja früh dran! Willst du vielleicht angeln gehen?"

„Wenn es nur das wäre", antwortete Henk. „Ich muß euch warnen! Man will heute abend euer Haus durchsuchen! Die Deutschen wissen, wo Jo ist."

Er hatte erwartet, daß der Bauer sehr erschrocken wäre, aber er ließ sich nichts anmerken.

„So", sagte Berends langsam. „So, eine Hausdurchsuchung! Aha, und woher weißt du das?"

„Vom Polizisten selbst!" antwortete Henk und erzählte die ganze Geschichte.

„Sieh mal an", brummte der Bauer, „das sieht ja gar nicht gut aus. Das ist sogar sehr schlimm, denn wir haben im Augenblick vier Gäste. Die Frage ist, wo lassen wir die? Die Gefahr, daß das Versteck gefunden wird, ist zwar nicht groß, wenn man aber schon vorher weiß, daß es eine Razzia gibt, ist es doch besser, die Leute woanders unterzubringen."

„Vater kommt gegen acht, um mit Ihnen zu beraten", sagte Henk.

„Na prima." Der Bauer war erleichert. „Dein Vater ist nicht auf den Hinterkopf gefallen, also wird er etwas Brauchbares ausgebrütet haben. Aber die Päckchen! Wenn ich nur wüßte, was die sollen. – Im Moment können wir nichts tun, Henk. Ich gehe zum Melken. Wenn du Zeit hast, bleib noch ein bißchen. Um sechs steht meine Frau auf, und dann kannst du ihr auch alles erzählen. Und Jo, ach nein, laß den man ruhig schlafen."

Die Bäuerin nahm die Sache ebenso gelassen hin. „Laß uns das Beste daraus machen", sagte sie nach Henks Bericht. „Wir tun, was wir tun müssen. In dieser Hinsicht ist unser Gewissen sauber."

Langsam wurde es für Henk Zeit zu gehen, wenn er um acht Uhr daheim sein wollte. Und siehe da, in der Nähe seines Hauses lungerte Willem Pool herum.

Henk war inzwischen wieder ziemlich hungrig geworden. Für

sein zweites Frühstück nahm er sich daher viel Zeit. Es war schon neun Uhr, als er wieder nach draußen kam.

Der erste, den er sah, war Willem. Henk tat, als bemerkte er ihn nicht. Dann kam ihm ein Gedanke. Er lief noch einmal ins Haus und kam mit einem Taschenspiegel zurück. So, Freundchen, dachte er, jetzt kann ich dich gut beobachten, ohne mich umschauen zu müssen. Und wenn du mir schon nachspionieren mußt, dann sollst du es auch spüren!

Erst ging er ungefähr fünf Minuten, dann setzte er zu einem Dauerlauf an. Henk war nicht groß, aber muskulös und durch sein Fußballspielen gut trainiert. Willem mußte mithalten, ob er wollte oder nicht.

Bald war er todmüde. In seinem Spiegel sah Henk, daß er zurückblieb. Henk ging wieder langsam. Willem holte etwas auf, um den Abstand zu verringern, so daß er Henk besser im Auge behalten konnte. Das war schwierig, denn er mußte auch aufpassen, von Henk nicht entdeckt zu werden.

Henk ließ ihn ziemlich nahe auflaufen und setzte dann wieder zum Dauerlauf an. Schließlich erreichte er die große Düne. Nach einer Kurve versteckte er sich zwischen Büschen. Etwas später galoppierte Willem vorbei. Sein Kopf glich einer roten Rübe, und er schnaufte wie ein Nilpferd. Henk hätte sich vor Lachen schütteln können, als er ihn vorübereilen sah. Willem lief noch etwa hundert Meter weiter. Dann ließ er sich erschöpft in den Sand fallen. Er begriff gar nichts mehr. Wohin er auch schaute, Henk war nirgends zu sehen. Fast eine Viertelstunde blieb Willem sitzen. Dann rappelte er sich mühsam auf, um Henks Spur zu suchen.

Henk wartete, bis Willem am anderen Ende der Düne war. Dann lief er, sich fortwährend hinter Sträuchern verbergend, in dessen Richtung. Es gelang ihm, unbemerkt nahe an Willem heranzukommen. Er zog ein Taschentuch aus seiner Hose und schneuzte laut hinein. In seinem Spiegel sah er, wie Willem erschrocken aufblickte und wie eine Schlange zwischen den Büschen verschwand.

Henk hatte sich zwischen Ginstersträuchern versteckt. Willem war dagegen in Brombeersträucher geraten, und die stachen ihn gehörig. Er fühlte sich gar nicht wohl, aber er hatte keine andere Wahl – ruhig verhalten mußte er sich auch noch. Über eine halbe Stunde blieb Henk stehen und beobachtete die Umgebung. Die ganze Zeit über durfte Willem sich nicht bewegen. Dann drehte sich Henk um und rannte auf das Dorf zu, wieder gefolgt vom schnaufenden und keuchenden Willem.

Nein, große Freude hatte der an seinem Auftrag nicht! Er war fix und fertig. Dem Polizisten würde er nur melden können, daß er nichts zu melden hatte.

Henk verschwand im Haus und kam vor drei Uhr nicht wieder zum Vorschein. Dann spielte er mit den anderen Jungen Fußball.

Willem sah von weitem zu. Gegen vier Uhr verschwand er.

Das Spiel war gerade aus, und Henk wollte wissen, ob die Verabredung mit dem Polizisten wirklich stattfand. Also radelte er in dieselbe Richtung, in der Willem verschwunden war.

Und der Kerl war an der Brücke!

Henk beobachtete von weitem, wie er vom Auto aus mit Willem sprach und der etwas in Empfang nahm. Die gewissen Päckchen vermutlich . . .

Henk hatte genug gesehen. Er wußte nun, daß die Haussuchung stattfinden würde. Er beobachtete Pools Haus und bemerkte, daß Willem gegen fünf Uhr in Richtung Berends' Hof wegfuhr.

Henks Vater war mittlerweile auch nach Hause gekommen. Den ganzen Tag war er mit den Vorbereitungen für den Abend beschäftigt gewesen. Er war guten Mutes. Alles war geregelt.

Die Flüchtlinge würden mit einer Art Floß den Kanal überqueren, am anderen Ufer würde Henk sie erwarten, um sie in Sicherheit zu bringen.

„Wenn die Deutschen nun vor zehn kommen, was dann?" fragte Henk.

„Daran haben wir auch gedacht", antwortete sein Vater. „Aber die Möglichkeit können wir ausschließen. Bis zehn Uhr sind immer Menschen auf der Straße. Vor allem sonnabends ist bei diesem Wetter viel Betrieb. Ein Überfallwagen würde Aufsehen erregen, und das wollen die Deutschen auch wieder nicht. Ich glaube vielmehr, daß sie gegen Mitternacht auftauchen werden, wenn die Leute schlafen."

„Noch etwas, Vater", sagte Henk. „Wie komme ich zum Hof? Ich soll doch sicher laufen?"

„Nein, mein Junge, das geht nicht. Dann müßtest du vor Einbruch der Dunkelheit weg. Nein, fahr nur mit dem Rad, auch wenn die Beleuchtung nicht geht. Das Rad stellst du bei Bauer Krekel ab. Das ist ein Schwager von Berends. Weißt du, wo der wohnt?"

Henk nickte.

„Gut. Von Krekels Hof ab läufst du. Sorg dafür, daß du rechtzeitig da bist, damit nichts falsch läuft. Das Rad holen wir später wieder ab."

Gegen acht fuhr Henk, von seinen Eltern noch einmal zur Vorsicht ermahnt, auf Umwegen zu Krekels Haus. Gegen neun Uhr wartete er am Kanalufer auf die anderen.

Bald hörte er ein leichtes Plätschern, und dann tauchten zwei Gestalten auf, die schweigend auf ihn zukamen. Das Floß, auf dem die Männer übergesetzt waren, wurde zurückgezogen. Danach brachte es den dritten Mann und Jo herüber.

„Sind wir komplett?" flüsterte Henk.

„Ja, ja!"

„Gut, unterwegs nicht sprechen und dicht beieinander bleiben, damit wir uns nicht verlieren", sagte einer der Männer leise.

Dann gingen sie los. Es war stockdunkel, aber Henk fand seinen Weg mit Sicherheit. Bei einer kleinen Brücke hielten sie an. Sie mußten ihre Schuhe ausziehen. Die Schritte wären sonst weit zu hören gewesen.

Danach ging es flott weiter. Vor zehn Uhr waren sie schon in der Nähe des Dorfes. In einem Wäldchen warteten sie den Glockenschlag ab und blieben sicherheitshalber noch eine Viertelstunde liegen.

„Jetzt können wir", sagte Henk. „Kommt vorsichtig hinter mir her. Es ist nicht mehr weit.“

Ohne Schwierigkeiten gelangten sie zum Haus von Herrn Klasen. Der erwartete sie schon mit Henks Vater.

„Alles gutgegangen?“ fragte Herr Klasen.

„O ja“, antwortete einer der Männer. „Wir hatten nämlich einen guten Führer, müssen Sie wissen.“

„Gott sei Dank“, meinte Henks Vater mit einem Seufzer, der deutlicher als Worte ausdrückte, wie sehr er in Sorge gewesen war.

13

Willem Pool war mißgelaunt. Er war den ganzen Vormittag wie ein Hund mit hängender Zunge hinter dem widerlichen Henk van Buren hergetrabt, und was hatte er erreicht? Nichts, rein gar nichts! Henk hatte niemanden getroffen, geschweige denn gesprochen. Ins Dorf zurückgekehrt, war Henk nach Hause gegangen, hatte sicherlich gut gefrühstückt, während er mit einem Butterbrot in der Hand ihm auflauern mußte. Und als er wieder zum Vorschein kam, spielte er auch noch Fußball, als wenn er ganz frisch wäre, während er, Willem, ihn, ganz steif vom Liegen in den Brombeeren, Hände und Arme verschrammt, beobachten mußte.

Nein, die Polizeilaufbahn gefiel Willem gar nicht mehr. Vor sich hin murmelnd bestieg er sein Rad, um die Päckchen und weitere Anweisungen von seinem Polizeichef entgegenzunehmen. Dessen Befehl, um Viertel nach vier bei der Brücke zu sein, hatte er zu befolgen, auch wenn er todmüde war. Daß er von Henk verfolgt wurde, davon ahnte er nichts.

Der Polizist wartete schon auf ihn. Aber diesmal hatte er kein Wort des Lobes und der Anerkennung übrig. Er hatte nur einen Auftrag: „Hier ist das Päckchen, Willem“, sagte er kurz angebunden. „Sorg dafür, daß es an die richtige Stelle kommt. Wie, das mußt du selbst wissen. Auf keinen Fall aber später als sechs Uhr! O ja, bevor ich es vergesse: Du mußt das Päckchen zu Hause öffnen. Darin sind zwei kleinere, die beide über die Hecke müssen. Klar?"

„Ich besorge das schon!" sagte Willem. „Und wie geht es weiter? Kann ich heute abend auch mit? Ich könnte Ihnen den Weg zeigen oder so."

„Nein, ich habe die Lage selbst überprüft. Bleib man ruhig zu Hause." Mit diesen Worten startete er den Motor und fuhr weg, ohne noch ein Wort zu sagen.

Willem radelte nach Hause. Seine Stimmung war nicht besser geworden. Jetzt, da es ums Ganze ging, brauchte ihn der Mann nicht mehr ... Willem hatte sich die Sache so schön vorgestellt: er als Anführer der Aktion, und Jo als Gefangener der Deutschen! Doch was blieb für ihn übrig? Päckchen über die Hecke werfen, das war alles!

Einen Moment dachte er daran, den Befehl nicht auszuführen. Aber das wagte er wiederum nicht. Denn der freundliche Beamte konnte auch sehr unfreundlich sein, das hatte er wohl gemerkt.

Zu Hause öffnete er das Päckchen. Tatsächlich waren zwei kleinere darin. Zu gerne hätte er den Inhalt gekannt, aber er traute sich nicht, sie zu öffnen. Befehl ist eben Befehl, das hatte man ihm beim „Jugendsturm" beigebracht.

Um Viertel nach fünf war Willem beim Bauernhof. Die Hunde waren nirgends zu sehen, nur die Gänse schlugen Alarm.

Am Ende des Gartens fuhr Willem die Böschung hinauf, dann ganz dicht an die Hecke, und mit einem Schwung segelten die Pakete hinüber und landeten mit einem dumpfen Schlag in den Beeten.

So, das wäre es gewesen ... Willem fuhr noch ein Stückchen weiter, kehrte dann um und raste zum Dorf zurück. Er ahnte nicht, daß er bei seiner Aktion beobachtet worden war. Erstens vom Bauern, der hinter der Gardine stand, und zweitens von Jo, der sich einen sicheren Platz hinter der Scheune gesucht hatte, von wo er den ganzen Garten überblicken konnte.

Jo bebte vor Wut. Er konnte Willem Pool nicht leiden und traute ihm nicht über den Weg. Aber daß er so gemein sein konnte, seinen Dorf- und Klassenkameraden an die Deutschen auszuliefern, das hatte er bis heute nicht geglaubt. „Warte nur, Bürschchen, bis der Krieg vorbei ist", murmelte er, „dann rechnen wir ab!"

„So", sagte Bauer Berends, als Willem weit genug entfernt war, „nun wollen wir mal sehen, was für ein Geschenk uns dieser komische Nikolaus gebracht hat."

Er holte die Päckchen und öffnete sie auf dem Küchentisch.

In jedem befand sich ein großer Ball Gehacktes.

„Aha", rief er aus, „das war's also! Die Hunde vergiften! Freundchen, das soll dir nicht bekommen! Glaub mir das. Wenn ich dich zwischen die Finger kriege! Weg, Kasan! Weg, Astor!" Die beiden Hunde hatten das Fleisch gerochen und waren am Tisch hochgesprungen. „Geht weg, das ist bestimmt nicht gut für euch! Bring die Hunde mal in die Scheune, Jo!"

„Ist das Fleisch wirklich vergiftet?" fragte die Bäuerin, die es immer noch nicht glauben wollte.

„Da kannst du ganz sicher sein!" brummte der Bauer. „Ich hebe es auf und lasse es morgen vom Tierarzt untersuchen. Vielleicht kann er feststellen, welches Gift verwendet wurde. Was müssen das für Menschen sein", ereiferte er sich plötzlich, „die einen Jungen fassen wollen, der ein Jude ist. Das sind doch keine Menschen mehr, das sind Bestien! Aber wartet! Unsere Zeit kommt auch noch! Dann werden diese ‚Heldentaten' ans Licht geholt!"

Die Bäuerin hatte ihren Mann noch nie so erregt gesehen. „Bleib ruhig", sagte sie. „Wir haben im Augenblick nur eine einzige Aufgabe: Jo heil durch den Krieg zu bringen. Daran müssen wir denken. Ich lasse es mir nicht anmerken, aber ich habe vor heute abend Angst. Wenn dem Jungen etwas zustößt! Ich glaube, das würde ich nicht überwinden."

„Du magst ihn wohl sehr gern", sagte der Bauer leise.

„Ja, du doch auch! Er ist uns in den paar Monaten wie ein eigenes

Kind ans Herz gewachsen. Wenn nur alles gutgeht", schluchzte die Bäuerin.

„Das wäre ein arger Schlag", ergänzte der Bauer. „Aber", fuhr er fort, „sie haben ihn noch nicht. Henk ist ein geschickter Bursche, der macht seine Sache gut. Ich garantiere dir, daß er Jo und die anderen in Sicherheit bringt. Sie sind über alle Berge, bevor die Schweinehunde kommen! Dann sollen die nur suchen. Die werden ein Gesicht machen, wenn sie von den totgeglaubten Hunden erwartet werden!"

In diesem Augenblick kam Jo wieder herein. Er war blaß, denn die Sache mit dem vergifteten Fleisch machte ihm seine unsichere Situation deutlich. Er wußte, daß es am Abend gefährlich werden würde. Nicht nur für ihn, auch für das Ehepaar Berends, für Henk und seinen Vater und die drei anderen Flüchtlinge. Juden zu helfen, war das größte Vergehen gegen das Naziregime und wurde hart, unmenschlich hart bestraft. Wenn er daran dachte, daß durch ihn so viele Menschen in Gefahr kamen, ihr Leben aufs Spiel setzten, wurde ihm angst und bange. Durfte er solche Opfer annehmen, oder sollte er sich nicht doch freiwillig stellen?

„Ich werde die Päckchen wieder einwickeln", sagte der Bauer, „haben wir noch Packpapier?"

„Ja, oben im Schrank. Laß uns aber erst essen. Die Milch ist schon kalt geworden", antwortete seine Frau.

„Richtig, erst einmal essen", stimmte Berends zu. „Ich habe es ganz vergessen, daß ich hungrig bin." Sie gingen in die Wohnstube.

Zehn Minuten später kam der Bauer wieder in die Küche, um das Fleisch einzupacken. Er sah gerade noch, wie der dicke Kater Felix auf dem Tisch saß und fröhlich schmauste. Der Bauer erschrak heftig. Warum hatte er auch nicht an die Katze gedacht? Nun wurde sie das Opfer ... Zum Glück hatte das Tier erst ein wenig von dem Fleisch vertilgt. Schnell jagte Berends den Kater weg. Der guckte ziemlich verständnislos, legte sich entrüstet auf einen Stuhl, leckte seine Barthaare und putzte sich.

Kein Anzeichen einer Vergiftung! Bis acht Uhr! Da begann das

Tier leise zu miauen und lief zur Tür. Offensichtlich wollte es nach draußen. Als Jo aber die Tür öffnete, entschied es sich doch, drinnen zu bleiben.

Felix lief zu seinem Lieblingsplatz oben auf der Haferkiste, drehte sich ein paarmal, fiel plötzlich um und schlief sofort ein. Alle dachten, das Tier wäre tot, aber Felix atmete tief und regelmäßig weiter. Wahrscheinlich war Berends gerade noch rechtzeitig gekommen. Wenn der Kater das ganze Fleisch gefressen hätte, wäre sein Schicksal besiegelt gewesen. Auf jeden Fall war nun bewiesen, daß das Fleisch in der Tat vergiftet worden war.

Um neun Uhr war der Moment des Abschieds gekommen. Die drei Flüchtlinge wurden aus dem Versteck geholt. Berends ließ das Floß, das er aus ein paar leeren Benzinfässern und einer Tür gebaut hatte, zu Wasser.

Währenddessen nahm Jo Abschied von der Bäuerin. Keiner von ihnen brachte ein Wort heraus.

„Danke, Danke für alles . . ., Mutter", stammelte Jo schließlich.

„Mach's gut, mein lieber, lieber Junge", flüsterte die Bäuerin. „Kopf hoch! Es wird schon alles klappen. Vielleicht bist du morgen abend wieder hier." Diese Worte brachte sie nur mühsam heraus, denn sie glaubte selbst nicht daran.

„Komm, Jo", sagte der Bauer mit heiserer Stimme, „komm, es ist Zeit. Wir dürfen Henk und die anderen nicht warten lassen. Und vergiß nicht, Jo, wir sind immer für dich da. Hier findest du jederzeit Zuflucht. Und nun, Kerlchen, alles Gute!"

Schweigend drückte Jo dem Bauern die Hand und betrat das Floß. Er konnte nichts mehr sagen.

Wortlos saßen der Bauer und seine Frau in der Stube. Das Haus, das große Zimmer, schien wie ausgestorben, seit Jo nicht mehr da war. An die drohende Gefahr, an die bevorstehende Haussuchung dachten sie gar nicht. Ihre Gedanken waren bei Jo. Die Bäuerin weinte leise vor sich hin.

„Bitte, Marie", sagte Berends und legte seinen Arm um ihre Schultern, „du mußt nicht weinen. Es geht alles gut aus, das wirst du sehen. Wenn gleich die Deutschen kommen, darfst du kein verheultes Gesicht haben. Was ich noch fragen wollte: Hast du vielleicht noch ein paar Gummiringe, Einweckringe, für mich?"

„Ja, doch, die habe ich. Was willst du denn damit? Die Dinger kann man auch nicht mehr kaufen, ich muß also sparsam damit umgehen."

„Ich werde sie schon nicht kaputtmachen", griente der Bauer, „ich habe einen Plan. Gib sie mir, und geh dann schon zu Bett. Ich bleibe noch auf, ziehe mir aber schon das Nachtzeug an. Wenn die Leute kommen, muß alles so echt wie möglich aussehen."

Er mußte noch lange warten. Bis Mitternacht. „So, nun geht's los! Komm, Astor, komm, Kasan", rief er die Hunde, „nun wollen wir dafür sorgen, daß ihr leise seid." Mit einiger Mühe wickelte er die Gummiringe um die Hundeschnauzen. Die Tiere sträubten sich und versuchten alles, um die kneifenden Dinger abzustreifen. Es gelang ihnen aber nicht.

„Ja", meinte Berends, „das paßt euch nicht, aber der Zweck heiligt die Mittel. Es dauert auch nicht lange. Ihr sollt nur vorläufig nicht bellen." Er hatte Mitleid mit den Tieren, die nur ein leises Knurren herausbringen konnten.

Da wurde bereits ans Fenster geklopft. Eine rauhe Stimme brüllte: „Aufmachen!"

Die Hunde sprangen mit gesträubten Nackenhaaren zur Tür. Aber sie konnten keinen Laut geben. Der Bauer verhielt sich still und tat, als ob er nichts hörte. Erst, als zum dritten Mal geklopft wurde, rief er mit schlaftrunkener Stimme: „Ich komme ja schon. Wer ist denn da?"

„Polizei! Aufmachen, ein bißchen schnell! Verstanden?"

„Ja, ja, bin schon da", brummte der Bauer. „Aber man braucht doch wahrhaftig nicht so einen Lärm zu machen! Was ist denn eigentlich los?"

„Reden Sie nicht so viel", brüllte eine Stimme. „Machen Sie sofort die Tür auf, sonst treten wir sie ein!"

„Ja, gleich", entgegnete der Bauer. „Ein bißchen Geduld noch, bitte. Ich will erst die Hunde anleinen, mit denen ist nämlich nicht gut Kirschen essen!"

„Machen Sie die Tür auf! Vor den Hunden ist uns nicht bange!"

„In Ordnung", rief Berends, „ich habe Sie gewarnt!"

Mit diesen Worten schob er vorsichtig den Türriegel auf, und dann zog er schnell die Gummiringe von den Schnauzen. „Faßt!" zischte er den Tieren zu. „Faßt!" Und er stieß die Tür auf.

Das Ergebnis übertraf Berends' Erwartungen. Die Hunde stürzten nach draußen und sprangen dem völlig verblüfften Polizisten an die Brust. Der verlor das Gleichgewicht und fiel nach hinten.

Nun war plötzlich Leben in der Bude! Die Hunde bellten, die Gänse schnatterten, und der Polizist brüllte seine Leute an, sie sollten doch die verflixten Köter totschießen. Aber dazu gab es keine Gelegenheit, denn die Deutschen, die hinter ihm gestanden hatten, versuchten, den Hunden zu entkommen. Dabei warfen die Tiere noch zwei Männer um.

Der Bauer stand zufrieden in der Türöffnung. Die erste Schlacht war gewonnen. Der Beamte rappelte sich langsam wieder auf, zog seine Pistole und schrie Berends an: „Ruf die Hunde zurück, oder ...!"

„Astor, Kasan, hierher", befahl der Bauer. Die Hunde gehorchten aber nicht sofort. Zweimal mußte er sie noch rufen. Dann kamen sie unwillig und immer noch gefährlich knurrend herbei.

„Jetzt können Sie hereinkommen", sagte Berends. Er hielt die Hunde am Halsband fest. „Oder noch besser", fuhr er fort, „ich lege die Hunde erst an die Kette ... Sonst sind sie gar nicht so böse, aber sie haben etwas gegen blitzende Uniformknöpfe."

Während er so redete, kettete er die Hund an die Haferkiste, dem Zugang zum Versteck.

„Kommen Sie jetzt in die Küche", sagte er dann, „ich mache Licht." Als die Petroleumlampe brannte, rief er spöttisch: „O Gott, wie seht ihr denn aus!"

Dieser Ausruf war berechtigt, denn alle Männer hatten an verschiedenen Stellen Risse und Löcher in ihrer Uniform. Nur der deutsche Offizier schien unversehrt zu sein. Wahrscheinlich hatte er sich bescheiden im Hintergrund gehalten.

„Dafür werden Sie büßen!" schrie der Polizist Berends an. „Ich lasse Sie auf der Stelle einsperren."

„So ... weswegen?"

„Weswegen! Weswegen!" schnauzte der Beamte. „Sie wissen das ganz genau! Widerstand gegen die Staatsgewalt! Mit Hunden! Dafür sitzen Sie lange, merken Sie sich das!"

„Das wird ja immer schöner!" brüllte nun Berends genauso laut zurück. „Ihr kommt mitten in der Nacht hierher, wie die Diebe, schlagt gegen die Tür und brüllt! Wenn ich sage, daß ich erst die Hunde festmachen will, behauptet ihr, ihr hättet vor den Tieren keine Angst. Dann schreit ihr wieder, ich soll sofort aufmachen, sonst würde die Tür eingetreten. Und als ich dann öffne und die Hunde euch anfallen, behauptet ihr auch noch, ich hätte sie auf euch gehetzt! Kommt, kommt! Wir sind doch intelligente Menschen. Ich habe euch ausdrücklich vor den Tieren gewarnt!"

„Sie haben ... was", begann der deutsche Offizier in gebrochenem Niederländisch, „Sie haben uns gewarnt?"

„Ich weiß immer noch nicht, was Sie eigentlich wollen", sagte Berends. „Ich habe nicht vor, die ganze Nacht hier zu sitzen. Um fünf fängt mein Tag an!"

„Bring uns den Judenjungen her!"

„Judenjunge?" Berends tat überrascht. „Judenjunge, wieso Judenjunge? Welcher Judenjunge?"

„Halt uns nicht für dumm!" schnauzte der Polizeibeamte. „Du hast den Jungen von Meiers versteckt! Joel Meier!"

„Ich kenne keinen Joel Meier!" behauptete Berends mit ernstem Gesicht. „In dieser Hinsicht müssen Ihre Informationen falsch sein."

„Red doch nicht", sagte der Polizist, „einer von unseren Leuten hat Joel Meier hier gesehen. Oder denkst du, wir wären auf gut Glück hierhergekommen?"

„Einer von euren Leuten will Joel Meier hier gesehen haben? Sagen Sie, Sie sind doch ... Wie war noch gleich der Name? Ach ja! Van Klaveren! Sie sind van Klaveren, nicht wahr?"

„Na und?"

„Ach, nichts, das fiel mir nur gerade ein. Die ganze Familie Meier ist doch verhaftet. Sie wissen doch am besten, wo sie ist! Wenn ich richtig unterrichtet bin, haben Sie doch selbst die Meiers abgeholt. Ich habe das wenigstens gehört. Und es gibt viele Leute, die Ihnen das schrecklich übelnehmen. Das kann ich ihnen ruhig sagen!"

Der Polizist wurde puterrot. Ihm war es sichtlich unangenehm, daß seine Tätigkeit so bekannt war. „Wer und wer nicht bei der Verhaftung dabei war, tut absolut nichts zur Sache", rief er. „Der Junge von Meiers ist uns entwischt, und Sie haben ihn versteckt! Kein Wort mehr. Einer von uns hat ihn hier mit eigenen Augen gesehen!"

„Das ist ja ein Ding! Der Junge ist entkommen?" Berends tat überrascht. „Schön, schön. Und der wurde also hier gesehen! So, so. Wann war das, wenn man fragen darf?"

„Vor vierzehn Tagen! Und um Ihr Gedächtnis noch ein bißchen aufzufrischen, sage ich noch, daß Sie damals die Hecke geschnitten haben. Erinnern Sie sich jetzt?"

„Ich erinnere mich, daß ich die Hecke geschnitten habe. Da war auch ein Junge dabei. Henk van Buren. Der geht mir sonnabends oft zur Hand."

„Ja, der war auch da. Und der Junge von Meiers!"

„Ach, kommen Sie! Henk war hier allein ..., nein, das stimmt nicht ganz. Ein Neffe von mir war auch eine Zeitlang hier. Ein zehnjähriger Junge."

„Sie lügen! Und nun zum letzten Male, holen Sie den Judenjungen her und gestehen Sie, daß Sie ihn versteckt haben! Dann kann ich vielleicht noch etwas für Sie tun, zum Beispiel, daß Sie hier auf dem Hof bleiben können. Andernfalls werden wir die Sache untersuchen, und ich bin sicher, wir finden ihn! Und dann steht's schlecht um Sie, um Sie und Ihre Frau!? Ich nehme Sie sofort mit, und dann sind morgen abend andere Menschen hier auf dem Hof!"

Das war kein leeres Gerede. Es war schon oft vorgekommen, daß Bauern, die Flüchtlinge versteckt hatten, aus ihrem Haus gewiesen wurden. Dafür zogen dann deutschfreundliche Bauern ein.

Berends beeindruckte das gar nicht. „Fangt mal an", sagte er.

Die Haussuchung war gründlich, aber erfolglos. Die Herren waren besorgt, nicht zu dicht an die Haferkiste zu kommen. Das war auch nötig, denn die Hunde knurrten unheilverkündend. Die Bäuerin mußte aufstehen und wurde verhört. Aber auch das nützte nichts.

Schließlich mußte van Klaveren dem deutschen Offizier melden, das die Untersuchung ergebnislos verlaufen war.

Der Deutsche murmelte verärgert etwas von einem Rindvieh, das sich von einem anderen Rindvieh einen Bären hatte aufbinden lassen. Dann zogen sie ab.

Auf der Haferkiste schlief Felix immer noch tief und fest. Das Tier hatte von allem nichts gemerkt.

14

Wieder waren viele Monate vergangen. Jo war ein paar Wochen bei Familie Klasen versteckt worden, aber das wurde dann doch zu gefährlich. Wenn eines der Schulkinder ihn gesehen hätte, wäre er verloren gewesen.

Den ganzen Tag mußte er in einem kleinen Dachkämmerchen zubringen. Erst bei Dunkelheit durfte er herunterkommen. Er war dann auch sehr froh, als Herr van Buren endlich mit der Nachricht kam, daß nach seinen Informationen Jo nun anderswo gesucht wurde. Seiner Rückkehr zum Bauernhof stand daher nichts mehr im Wege.

Der Polizist hatte sich im Dorf nicht mehr sehen lassen. Und Henk stellte bald fest, daß Willem das Interesse an ihm schnell verloren hatte. Die Rollen waren vielmehr vertauscht. Henk beobachtete jetzt Willem, so oft er konnte. Aber er bemerkte nichts Besonderes.

Auch der Krieg ging weiter. Am 5. Juni 1944 hatte in Frankreich die Invasion begonnen. Die Alliierten drangen auch schnell weiter vor; den Menschen in den besetzten Gebieten ging es aber viel zu langsam. Die Stimmung besserte sich sichtlich, als am 20. Juli ein Attentat auf Hitler verübt wurde. Leider mißglückte der Anschlag. Es war damit jedoch bewiesen, daß sogar in Deutschland der Widerstand gegen den Diktator groß war.

Man meinte, früher oder später würde dort eine Revolution ausbrechen. Doch Hitler ließ Tausende, Soldaten und Zivilisten, verhaften und nahm unmenschliche Rache, so daß jeder Widerstand gebrochen wurde.

In den besetzten Gebieten dagegen nahm der Widerstand zu, wurde verbissener. Die Organisation klappte auch besser. Sogar regelmäßige Waffensendungen aus England kamen ins Land, und es bestanden beste Funkverbindungen. Fallschirmspringer aus England wurden mitten in der Nacht abgesetzt, um die Widerständler zu schulen und die Leitung zu übernehmen, wenn die Befreiung stattfinden würde.

Dieser Augenblick schien gekommen zu sein, als am 4. September durch den englischen Rundfunk bekanntgegeben wurde, daß Truppen der Alliierten in Breda angekommen waren.

Der Rundfunkbericht hatte unvorstellbare Folgen. Die Niederländer, voll von Enthusiasmus und Freude, begannen sofort Feste zu feiern, während die Deutschen entschlußlos zusahen. Sie wagten nicht, gegen die Masse der Feiernden vorzugehen. Sie fürchteten, diese würden grausame Rache nehmen, wenn die Alliierten das Land besetzten, und sie in Gefangenenlager kämen.

Während die höchste Heeresführung befahl, die Feiern zu beenden, wagten die ausführenden Untergebenen nicht einzugreifen. Viele deutsche Soldaten, die schon lange nicht mehr an Hitler und an sein Deutsches Reich glaubten, nutzten die Verwirrung und desertierten.

Die deutschfreundlichen Niederländer flüchteten zu Tausenden über die Grenze nach Deutschland. Sie versuchten bei ihren politischen Freunden unterzukommen, wo sie sich vor der Rache ihrer Landsleute sicher fühlen konnten. Es gelang ihnen nicht. Die Deutschen mochten ihre Freunde sein. Doch die Art, wie sie diese Flüchtlinge empfingen, war von Freundschaft weit entfernt, und die Weise, wie sie untergebracht wurden, erbärmlich.

Es herrschte ein vollkommenes Durcheinander, bis sich herausstellte, daß der Bericht falsch war.

Die Menschenjagden begannen wieder – bis zum 17. September. An diesem Tage erschienen plötzlich Hunderte von Flugzeugen in der Gegend von Arnheim. Tausende von Fallschirmjägern sprangen ab.

Rote, gelbe, grüne und orangene Fallschirme sanken herab. Es sah aus wie ein kilometerweites Blumenmeer. Die Fallschirmspringer, die ihr Ziel genau kannten, besetzten die deutschen Stellungen. Sie trafen auf keinen wesentlichen Widerstand. Später folgten weitere Flugzeuge, die Segelflugzeuge, sogenannte Lastensegler, im Schlepp hatten. Über dem Bestimmungsort wurden die Segler ausgeklinkt und landeten in weiten Heidegebieten. Schnell wurde der hintere Teil der Lastensegler abgeschraubt, und vollständig bemannte und ausgerüstete Jeeps und Panzerwagen fuhren heraus.

Wieder entstand Panik bei den Deutschen, aufs neue breitete sich Freude unter der Bevölkerung aus. Nun ging die Invasion los, das stand wohl fest.

Leider waren in den letzten Tagen starke deutsche Militäreinheiten in den Niederlanden angekommen und in der Umgebung von Apeldoorn stationiert worden. Sie stellten sich dem Kampf und unterbrachen den Nachschub der Alliierten durch die Luft. Nach zehntägigem Kampf mußte sich der Rest der Fallschirmtruppen zurückziehen. Tausende tapferer Soldaten waren gefallen oder in Kriegsgefangenschaft geraten.

Der Süden der Niederlande war schon befreit, der Norden mußte nun die ganze Last der Besetzung tragen. Das war entsetzlich. Verkehrsverbindungen gab es nicht mehr, denn die Eisenbahnen wurden auf Anweisung der Exilregierung in London bestreikt. Das Personal war größtenteils untergetaucht.

Der Winter stand vor der Tür.

Die Lebensmittelrationen wurden immer kleiner. Der Terror der Deutschen nahm zu. Kein Mann ohne Unabkömmlichkeitsbescheinigung durfte sich auf der Straße sehen lassen.

Diese Bescheinigung mußte nun von einer deutschen Dienststelle ausgestellt sein. Sonst mußte man damit rechen, verhaftet und nach Deutschland verschleppt zu werden. Manchmal geschah das, ohne daß der Betroffene von seiner Familie Abschied nehmen konnte. Die Judentransporte, die eine Zeitlang unterbrochen worden waren, wurden wieder aufgenommen, wenn auch in geringerem Maße.

An einem düsteren Tag im Oktober besuchte Herr van Buren die Berends. Man merkte an seinem ernsten Gesicht, daß er keine gute Nachricht hatte.

Bauer und Bäuerin waren in der Küche. Jo beschäftigte sich in der Scheune.

„Es tut mir leid“, sagte Henks Vater nach der Begrüßung, „ich habe eine böse Nachricht. Jo muß hier weg!“

„Was?“ riefen die Berends wie aus einem Munde, „Jo fort? Warum denn? Gibt es wieder eine Haussuchung?“

„Nein, viel schlimmer noch“, antwortete Herr van Buren, „ihr bekommt Einquartierung!“

„Einquartierung?“ stammelte die Bäuerin. „Deutsche Soldaten hierher? In mein Haus?“

„Nein, keine Soldaten. Wenn es nur das wäre! Ihr bekommt NSBler. Landsleute, die nach Deutschland geflohen waren und jetzt zurückkommen. Die Deutschen scheinen von ihren Gesinnungsgenossen die Nase voll zu haben.“

„Aber warum gehen die Leute nicht wieder in ihre Heimatorte?“ fragte Berends. „Was soll denn das nun wieder?“

„Ein Unglück kommt selten allein“, knurrte Herr van Buren. „Weitaus die meisten kommen aus dem Westen des Landes. Die können nicht zurück, weil die Eisenbahnen nicht fahren.“

„Wissen Sie sicher, daß wir einige davon ins Haus bekommen?“

„Ja. Heute morgen haben sie im Gemeindehaus darüber beraten, wo man Quartiere einrichten kann. Ihr seid darunter. Wie viele kommen, weiß ich nicht. Fest steht aber, ihr kriegt Einquartierung! Also kann Jo unmöglich hierbleiben! Schade, daß damit euer vorzügliches Versteck ausfällt. Wir müssen Ersatz suchen. Das wird schwer, denn an jedem verborgenen Plätzchen sitzen schon Untergetauchte."

„Haben Sie denn wirklich keinen guten Unterschlupf für Jo?"

„Nicht so gut, daß ich damit zufrieden wäre", seufzte Herr van Buren. „So etwas wie hier gibt es nicht wieder. Jo kann zu einem Bauern in der Nähe der Grenze. Er hat eine große Familie mit acht Kindern. Jo kommt als sogenannter Hungerflüchtling aus Amsterdam zu ihnen. Für die Kinder ist er ein Neffe, den sie noch nie gesehen haben. Wir können nur hoffen, daß nichts schiefgeht."

„Sind die Leute vertrauenswürdig?" fragte Berends.

„Hundertprozentig. Darum sorge ich mich auch nicht. Aber wissen Sie, wenn da etwas passiert, hat Jo kaum eine Chance, zu entkommen. Dort ist weit und breit keine Möglichkeit zum Untertauchen. Und so viele Kinder! Wenn die verhört werden, ist immer eins dabei, das den Mund nicht halten kann. Ich habe so meine Zweifel, aber ich sehe auch keine andere Möglichkeit."

„Wann muß Jo denn weg?" fragte die Bäuerin leise.

„Ich weiß es nicht genau. Diese Woche aber bestimmt noch."

Zwei Tage später kam die amtliche Nachricht: Berends mußte Raum für sechs Personen schaffen.

Noch am selben Abend mußte Jo zu der neuen Adresse gebracht werden. Henk und sein Vater übernahmen diese Aufgabe.

Es würde ein mühsamer Umzug werden. In absoluter Dunkelheit mußten sie auf vielen Umwegen ihr Ziel suchen. Sicherheitshalber hatte Henk am Tag zuvor den Weg aufmerksam studiert. Jede Einzelheit hatte er sich gemerkt.

Der Abschied wurde allen schwer. Zum zweiten Male mußten sie sich trennen. Stärker noch als beim erstenmal hatten alle das Gefühl, daß es diesmal für immer sein sollte.

„Jo, ich habe heute nachmittag beim Mechaniker zwei Taschenlampenbatterien gegen Butter eingetauscht“, sagte Berends, „die nimmst du mit. Vielleicht kannst du sie einmal nötiger gebrauchen als wir.“

„Ich habe zwischen die Kleider ein paar Dauerwürste gesteckt“, fügte Frau Berends hinzu. „Heb sie dir so lange wie möglich auf. Sie verderben nicht. Vielleicht wirst du sie noch brauchen!“

„Wir müssen nun aber gehen“, sagte Henks Vater. „Alles klar, Jo?“

„Ja. Ich will nur die Batterien in meine Lampe stecken.“

„In Ordnung. Wir werden sie auf unserem Weg benötigen. Es ist ziemlich weit. Im Dunkeln müssen wir wohl mit anderthalb Stunden rechnen.“

Dann zogen sie ab. Henk ging voraus. Er trug die Taschenlampe. Sein Vater folgte. In einem Rucksack hatte er Jos Gepäck. Jo trug nichts. Er mußte immer auf dem Sprung sein, wenn irgend etwas dazwischen kam.

Nach einer halben Stunde begann es zu regnen. Erst ganz leicht, dann aber goß es. Bald waren sie naß bis auf die Haut. Und weil sie das Gehen auf dem feuchten Moorboden nicht gewöhnt waren, ermüdeten sie bald. Doch sie mußten durchhalten.

Henks Vater hatte sich verschätzt. Statt anderthalb wurden es zweieinhalb Stunden. Todmüde, durchnäßt und unterkühlt kamen sie um ein Uhr an.

Der Bauer erwartete sie schon beunruhigt. Heiße Milch und ein Stapel Butterbrote standen auf dem Tisch.

Van Buren und sein Sohn gönnten sich aber nicht viel Zeit zum Ausruhen. Länger als eine halbe Stunde konnten sie nicht bleiben. Henks Mutter wartete ...

Den Weg mußten sie in völliger Dunkelheit zurücklegen, denn Jos Taschenlampe wollten sie auf gar keinen Fall wieder mitnehmen. Der Bauer bot den van Burens an, sie ein Stück zu begleiten, damit sie den Weg nicht verfehlten.

Mittlerweile war auch die Bäuerin aufgestanden. Sie sah voller Mitleid auf Jo. „Wir werden gut für dich sorgen, mein Junge“, sagte sie. „Wir sind nicht reich, und du mußt mit dem, was wir geben können, zufrieden sein."

Jo war dem Ehepaar sehr dankbar, daß sie es wagten, ihn aufzunehmen. Er nahm sich vor, so viel wie möglich zu helfen und so wenig wie möglich zur Last zu fallen.

In dieser Nacht mußte er sein Bett mit zwei anderen Kindern teilen, einem acht- und einem zehnjährigen Jungen.

Die Kinder wachten nicht auf, als er zu ihnen unter die Decke kroch. Eng war es, aber wenigstens warm. Und Wärme hatte er sehr nötig. Er fiel sofort in einen tiefen, traumlosen Schlaf und wurde erst spät am anderen Morgen wach. Zuerst wußte er nicht, wo er war. Vor seinem Bett stand eine Reihe Kinder, die ihn neugierig und verlegen ansahen.

Acht waren es, dreizehn Jahre das älteste, das jüngste ein acht Monate altes Baby. Es saß auf dem Schoß seiner Mutter.

Eine Weile starrten die Kinder Jo an. Dann sagte ein Junge: „Du heißt Jo, nicht?"

„Ja, und du?"

„Wimpie", antwortete der Knirps. „Wo sind deine Eltern?"

„Du Dummkopf", rief die Bäuerin, „das habe ich dir doch schon ein paar Mal gesagt! Jo ist der Sohn vom Bruder deines Vaters, der in Amsterdam wohnt. Dort haben sie jetzt im Krieg nicht genügend zu essen. Deshalb bleibt Jo eine Zeitlang bei uns. Jo ist ein Verwandter! Ein Neffe von mir, dein Vetter! Willst du nun aufstehen, Jo", fuhr sie fort, „oder willst du noch eine Weile liegenbleiben? Du mußt nicht aufstehen, hörst du! Ich kann es verstehen, wenn du noch ein bißchen schlafen willst."

„Nein, nein", sagte Jo, „ich stehe schon auf."

Aber eilig hatte er es nicht. Er war etwas verlegen. Sollte er einfach so aus dem Bett klettern, vor den Augen der Bäuerin und der Kinder? Da aber niemand Anstalten machte, wegzusehen oder hinauszugehen, blieb ihm nichts anderes übrig. Er schämte sich, daß er keinen Schlafanzug anhatte. Anscheinend fand aber niemand etwas dabei. Später schien es ihm, als hätten sie es komisch gefunden, wenn er einen Pyjama angehabt hätte, denn

Nachtzeug gab es in der Familie Grooten nicht.

Die Namen der vielen Kinder machten Jo anfangs Schwierigkeiten. Die fünf Mädchen und die drei Jungen wurden ausnahmslos mit ihren Spitznamen gerufen. Nach einigen Verwechslungen beherrschte er aber bald die Namen und fühlte sich bei der fröhlichen Familie geborgen.

Jo bekam auch einen Spitznamen, und den verdankte er seinen schwarzen Haaren. Bald wurde er von allen nur noch der Jockel genannt. Er dachte oft an die Berends zurück und wäre auch gerne wieder dort gewesen. Bei den Grootens war es jedoch viel geselliger.

Wenn die Kinder aus der Schule kamen, war im Hause ein toller Betrieb. Und wenn Jo in wehmütiger Stimmung war, wußte Mutter Grooten ihn wieder aufzurichten, wie es nur eine Mutter tun kann.

Herr van Buren hatte Jo erzählt, daß seine Eltern noch immer im Lager waren und es ihnen auch noch verhältnismäßig gutging. Einige Male hatte Jo sogar Briefe von ihnen bekommen, die durch Verbindungsmänner von Henks Vater aus dem Lager geschmuggelt worden waren. Jos Eltern wußten auch, daß es ihrem Sohn gutging. Wo er aber war, das wußten sie nicht.

Die Judentransporte nach Polen fanden nicht mehr regelmäßig statt. Auch das hatte Jo von Herrn van Buren gehört. Die Überlebenschance seiner Eltern wurde dadurch immer größer. Und ewig konnte der Krieg doch nicht dauern...

Bei Berends hatte Jo einiges von der Bauernarbeit gelernt. Auch in seinem neuen Quartier half er, wo er nur konnte. Er lernte melken und fütterte das Vieh. Oft angelte er in einem fischreichen Kanal in der Nachbarschaft. Mutter Grooten konnte aus den Süßwasserfischen viele schmackhafte Gerichte zubereiten, bei denen auch dem größten Feinschmecker das Wasser im Munde zusammengelaufen wäre.

Wenn die Mädchen in der Schule waren, half Jo beim Abwasch und machte sich auch sonst nützlich. Mutter Grooten sagte oft, er sei unersetzbar. Klaus, dem Ältesten, der beim Rechnen Schwierigkeiten hatte, half er gern, und er reparierte auch die Puppen der Mädchen.

Über den Krieg sprachen sie selten. Aber es war merkwürdig, daß Vater Grooten bestens über das Geschehen informiert war. Er wußte genau, wo die Truppen der Alliierten standen.

Jo wunderte sich darüber. Als er jedoch eines Nachts geheimnisvolle Stimmen im Hinterhaus hörte, erkannte er, daß auch Grooten dem Widerstand angehörte.

Jo bemerkte auch, daß Grooten nachts einige Male das Haus verließ und erst gegen Morgen zurückkam. Über diese nächtlichen Ausflüge erzählte er den Kindern nie etwas.

Die Familie war immer auf eine Haussuchung vorbereitet, so bestand Herr Grooten darauf, daß Jos Rucksack ständig griffbereit an der Außentür hing. Wenn seine Kleidungsstücke gewaschen und getrocknet waren, wurden sie sofort in den Rucksack gesteckt.

Vater Grooten verlangte auch, daß Jo die Umgebung genau kennenlernte, so daß er sich im Notfall zurechtfinden und sich allein verstecken konnte.

15

Etwa fünf Wochen lebte Jo nun schon bei Familie Grooten, als an einem Nachmittag ein Mann erschien. Vater Grooten war nicht zu Hause. Die größeren Kinder waren in der Schule. Jo war mit der Frau und den kleineren Kindern allein.

„Oh, ist das kalt draußen“, sagte der Mann fröstelnd und stellte sich in die Nähe des Kachelofens. „Hier läßt’s sich aushalten.“

„Ja. Und der Nebel! Ein trauriger Tag!“ fügte Frau Grooten hinzu.

„Der Chef ist nicht da?“ fragte der Fremde.

„Nein, er ist mit dem Pferd zum Schmied gegangen. Es kann spät werden, bis er wieder zurückkommt. Wenn Sie ihn persönlich sprechen wollen, haben Sie heute kein Glück."

„So wichtig ist es nun auch wieder nicht", meinte der Mann. Aber vielleicht können Sie ihm etwas ausrichten. Ich wollte nur sagen, daß am Montag eine Versammlung der Spar- und Darlehenskasse ist."

„Na, das ist nicht schwer zu behalten!" lachte Frau Grooten.

„Das nicht", gab der Mann zurück, „aber vergessen werden darf es nicht!"

„Jo wird mich daran erinnern", meinte Frau Grooten.

Der Mann blieb noch ein Weilchen. Bevor er ging, wies er noch einmal nachdrücklich darauf hin, daß die Nachricht unbedingt übermittelt werden müsse.

Gegen fünf Uhr kam Grooten nach Hause. „Das war vielleicht eine Tour!" sagte er. „Es war so dunkel, daß man die Hand nicht vor Augen sehen konnte. Ich habe Derkje einfach laufen lassen. Weil ich glaubte, sie würde den Weg schon finden. Aber sie fühlte sich auch nicht wohl. Sonst trabt sie immer, wenn's in den Stall geht, heute ging sie langsam Schritt für Schritt."

„Hoffentlich ist am Montag nicht auch so ein Wetter", bemerkte seine Frau. „Otto ist hier gewesen. Montag ist Versammlung in der Kasse."

Der Bauer erschrak. „Was?" rief er. „Versammlung? Montag?"

„Ist das was Besonderes?"

„Besonderes? Nein, warum soll das was Besonderes sein? Montag, sagst du? Bestimmt?"

„Was hast du denn", rief die Bäuerin, „natürlich Montag!"

„So", murmelte der Bauer, „also Montag!"

Gegen seine Gewohnheit war er an diesem Abend sehr schweigsam. Auch die Pfeife schien ihm nicht zu schmecken. Sonst qualmte er den ganzen Abend immer vor sich hin.

Jo konnte schlecht einschlafen. Er sorgte sich. Warum war Vater Grooten so still gewesen? Sollte er, Jo, etwas Unrechtes gesagt oder getan haben? Er konnte sich nicht erinnern. Folglich mußte es etwas mit der Nachricht zu tun haben. War etwa die

Polizei wieder auf seine Fährte gekommen? Das konnte sein. Wie sollte es dann weitergehen? Jo hatte keine Ahnung, Vater Grooten vielleicht auch nicht – darum also sein Schweigen? Ein neues Versteck zu finden, wurde immer schwieriger.

In der Nacht hörte Jo Geflüster. Der Bauer und seine Frau schienen noch auf zu sein. Weinte etwa Mutter Grooten? „Ach, Arend", hörte Jo sie sagen, „ich habe solche Angst! Wenn nur alles gutgeht! Sei vorsichtig! Denk an die Kinder, an Jo und an mich."

„Ich bin vorsichtig", hörte Jo die tiefe Stimme des Bauern. „Aber, Jantje, du weißt, es muß nun einmal sein. Wir können unser Land, die Zukunft unserer Kinder, nicht diesen Schurken überlassen. Ich kämpfe für eine gute und gerechte Sache, das weißt du auch. Kopf hoch! Wenn alles klargeht, bin ich um zwei Uhr wieder zu Hause. Gott sei Dank ist der Nebel weg. Sonst könnten wir die ganze Nacht umsonst warten. Ich muß jetzt gehen. Bis bald, Jantje!" Jo hörte, wie der Bauer seine Frau küßte. Dann fiel die Hintertür zu. Die Bäuerin ging wieder in ihr Schlafzimmer.

Es war Jo klar, daß sich da etwas Gefährliches anbahnte. Denn ein Abschied mit Kuß war in der Familie etwas so Ungewöhnliches, daß es dafür einen ganz besonderen Anlaß geben mußte.

Mutter Grooten blieb nicht lange in ihrem Schlafzimmer. Bald kam sie mit einer Kerze in die Stube, in der auch Jos Bett stand. Sie stocherte im Kachelofen herum, legte auch ein paar Stücke Torf nach und setzte sich in den großen Lehnstuhl. Die friesische Uhr in der Ecke tickte langsam. Die Minuten schlichen dahin. Als die Uhr schlug, schien es Jo, als wäre längst zwei Uhr vorüber, doch es war erst eine halbe Stunde verstrichen.

Jo hielt es im Bett nicht mehr aus. Er mußte etwas tun! Er wollte Mutter Grooten ein bißchen auf andere Gedanken bringen. Er richtete sich aus den Kissen auf und sagte: „He, Tante Jantje, kannst du nicht schlafen?"

Die Frau zuckte zusammen. „Bist du etwa wach? Das tut mir leid. Ich habe doch keinen Lärm gemacht oder? Weißt du, Jo, ich kann nämlich nicht schlafen."

„Ich setze mich ein wenig zu dir", sagte Jo, „ich kann auch nicht einschlafen. Und zu zweit ist es geselliger." Er kletterte aus dem Bett. Eine Weile saßen sie schweigend beieinander. Sollte Jo ihr sagen, daß er Bescheid wußte? Besser nicht – oder vielleicht doch?

„Tante Jantje", begann er zögernd, „ich weiß, wo der Bauer ist. Ich habe ihn weggehen hören."

„Ich dachte mir, daß du es ahnst", schluchzte die Frau. „Ach Jo, ich bin so ängstlich, so entsetzlich bange, daß etwas schiefgeht."

„Juden?" fragte Jo ganz sachlich.

„Nein, mein Junge, viel schlimmer. Waffen! Waffen aus England und . . . oh!" unterbrach sie sich plötzlich. „Das durfte ich dir gar nicht sagen! Das habe ich meinem Mann doch fest versprochen, und nun ist's mir so herausgerutscht."

„Ach, Tante Jantje, ist ja halb so schlimm", sagte Jo leise, „ich behalte es für mich. Aber woher weiß Vater Grooten denn, daß Waffen geliefert werden? Das verstehe ich einfach nicht!"

„Erinnerst du dich an die Nachricht von heute morgen? Mein Mann hat es mir erklärt. Aus England wurde im Radio gemeldet, daß am Montag die Versammlung der Spar- und Darlehenskasse ist. Das bedeutete, daß die Waffen heute abend abgeworfen werden sollen. Wenn die Lieferung morgen erfolgen würde, hätten sie gesagt, die Versammlung wäre am Dienstag, verstehst du? Die Nachricht war für die Gruppe bestimmt, der mein Mann angehört. Und nur diese Gruppe kennt diese Nachricht. Aber da ist Verrat im Spiel. In der letzten Zeit sind verschiedene Dinge mißlungen, weil die Deutschen eingeweiht waren. Deshalb habe ich so entsetzliche Angst." Ihr kamen wieder die Tränen. „Wenn sie geschnappt werden, kommt er nie wieder zurück."

„Aber dann muß doch in der Gruppe ein Verräter sein?"

„Nein, das nicht. Unsere Männer nehmen an, daß in England ein Bursche sitzt, der alles weiß und die Deutschen über einen Geheimsender unterrichtet." Sie brach ab. „Hör mal!"

Sie vernahmen das lauter werdende Brummen eines Flugzeugmotors.

„Sollte das . . .?“

„Ich gehe raus“, flüsterte Jo. „Vielleicht ist etwas zu sehen.“

Draußen war es stockfinster, und das Geräusch der Maschine klang schon wieder weit entfernt.

Als Jo ins Haus zurückgehen wollte, nahm das Brummen wieder zu, diesmal aus entgegengesetzter Richtung. Jo blieb regungslos stehen. Das tiefe Motorengeräusch schwoll schnell an, dann plötzlich flog die Maschine mit donnerndem Getöse über ihn hinweg. Jos Augen hatten sich mittlerweile an die Dunkelheit gewöhnt und konnten die Umrisse des Flugzeugs gegen den Sternenhimmel genau erkennen. Es flog nicht sehr hoch.

Jo war sich sicher, das war der Engländer. Also war der Abwurf erfolgt! Wenn nur die Sache nicht verraten worden war . . .

Frau Grooten saß blaß am Ofen. Sie hielt ein Taschentuch in der Hand und rollte es immer wieder zusammen und auseinander. Sie war mit den Nerven völlig fertig.

„Hast du was sehen können?“ fragte sie Jo.

„Ja, ich nehme an, es war die Maschine aus England. Ich habe weiter nichts gehört, keine Schüsse, keine Stimmen. Diesmal haben die Deutschen bestimmt nichts vorher gewußt.“

„Hoffentlich“, sagte Frau Grooten leise.

„Jetzt kannst du dich ruhig ins Bett legen, Tante Jantje. Der Ofen ist ausgegangen, und du wirst dich sonst noch erkälten.“

„Ja, ja, ich gehe wieder ins Bett. Ich hatte keine Ruhe, Junge. Ich konnte einfach nicht liegen bleiben. Nun wird es schon gehen.“ Nach einer Pause sagte sie: „Ach, Jo, bitte erzähl meinem Mann nicht, daß ich Angst hatte und wach war. Beim nächsten Mal sorgt er sich dann auch noch meinetwegen, und das kann er bei seiner Arbeit nicht gebrauchen.“

„Ich sage kein Wort“, versprach Jo. Dann legte er sich wieder hin, aber schlafen konnte er natürlich nicht. Angespannt lauschte er in die Dunkelheit. Denn jetzt kamen ihm wieder allerhand Zweifel.

Wenn die Sache nun doch verraten und Vater Grooten geschnappt worden war? Frau Grooten konnte unmöglich mit dem

Hof und den Kindern allein fertig werden. Er selbst könnte auch nicht helfen, denn er wußte wohl, daß die Deutschen und ihre Handlanger die Familie ständig beobachten würden. Also müßte er dann weg, um die anderen nicht zu gefährden.

Sollte er mit Henks Vater Verbindung aufnehmen?

Ein neues Versteck zu finden, war unmöglich, seitdem Haus für Haus mit zurückgekehrten NSBlern belegt war.

Endlich hörte Jo die Außentür schlagen. Ein Stein fiel ihm vom Herzen. Vater Grooten war zurück, alles war gutgegangen. Doch er war nicht allein. Jo hörte mehrere Stimmen.

Was gesagt wurde, konnte er nicht verstehen, das ging ihn auch nichts an. Hauptsache, Vater Grooten war wieder da!

Er hörte ihn zum Schlafzimmer gehen. Sicher wollte er seine Frau beruhigen. „Es ist alles in Ordnung, und die Beute ist sicher versteckt", erklang Grootens Stimme. Dann ging er wieder zu den anderen.

Jetzt, nachdem die Spannung vorbei war, spürte Jo erst, wie kalt ihm draußen geworden war. Er kuschelte sich in sein Kissen und schlief schnell ein.

Im hinteren Teil des Hauses saßen vier Männer. Sie unterhielten sich und erholten sich von der überstandenen Anstrengung.

„Was bin ich froh, daß wir alles hinter uns haben", sagte Grooten erleichtert. „Ehrlich gesagt, ich habe große Angst gehabt. Ich bin noch ganz aufgeregt. Man weiß, daß es sein muß, aber es geht doch ganz schön auf die Nerven ... Wie ist das bei euch?"

„Genau wie bei dir", murmelte einer der Männer. „Solange man beschäftigt ist, ist alles in Ordnung, aber nachher ... Ich habe noch das große Zittern in den Beinen. Aber Thies macht es nichts. Der hat Nerven. Der bleibt immer eiskalt!"

„Wo ist Thies eigentlich?" fragte Grooten. „Seit wir die Waffen vergraben haben, ließ er sich nicht mehr sehen."

„Er hat noch etwas zu erledigen. Bei Geurtsen ist heute die Nachricht eingetroffen, daß dort drei NSBler einquartiert werden. Und weil bei Geurtsen zwei Juden untergetaucht waren, mußten die sofort weggebracht werden. Thies hat die Sache übernommen und führt die Leute zu ihrem neuen Versteck. Wie er im Augenblick an neue Adressen kommt, ist mir ein Rätsel, aber Thies kriegt das hin. Den schmeißt nichts um."

In diesem Augenblick flog die Tür auf, und Thies kam herein. Offenbar war er schnell gelaufen, denn der Schweiß lief ihm von der Stirn. Er schnaufte wie eine Dampfmaschine. Zuerst ging er zur Pumpe und trank in großen Schlucken Wasser.

„Los, los", sagte er dann, „Leute, wir müssen weg! Da sind uns einige Deutsche auf den Fersen."

„Deutsche?" riefen die anderen erschrocken. „Woher weißt du das?"

„Weil sie mich nach dem Haus von Grooten gefragt haben", grinste Thies. „Ich hatte gerade meinen letzten ‚Kunden' abgeliefert und wollte heimgehen, als die Deutschen mich anhielten. Ich hatte sie nicht kommen hören, denn die Schietlappen liefen im Straßengraben. Auch ein Niederländer ist dabei, oder zumindest einer, der unsere Sprache spricht. Sie dachten schon, mit mir einen guten Fang gemacht zu haben. Aber ich habe ihnen den Gefallen nicht getan. Ich hatte mit dem Doktor verabredet, daß er – falls er gefragt werden würde, warum ich in der Nacht unterwegs sei – sagen solle, meine Frau sei krank. Diese Geschichte habe ich den Deutschen aufgetischt, aber sie haben mir nicht geglaubt. Ein Soldat mußte mit mir zum Doktor, um nachzufragen. Der Doktor machte seine Sache gut, alles lief prächtig. Dann erkundigte sich der Offizier der Gruppe, ob mir ein paar Männer begegnet wären und ob ich wüßte, wo Grooten wohnt. Also, die Männer waren mir begegnet, aber selbstverständlich in der verkehrten Richtung. Den Weg zu deinem Haus habe ich den Deutschen auch kurz beschrieben. Wir müssen also unter allen Umständen damit rechnen, daß sie kommen, deshalb müssen wir hier weg."

„Aber du hättest doch sagen können, du hättest keine Ahnung, wo Grooten wohnt", meinte einer.

„Ach, komm", grinste Thies, „das nimmt mir doch keiner ab. Sie wußten, daß ich aus dem Dorf bin. Nein, Leute, damit hätte ich mich verdächtig gemacht. Und wer hätte euch warnen sollen, wenn sie mich festgehalten hätten? Wir müssen weg, Jungens, sie werden bald hier sein."

„Ich bleibe hier", sagte Grooten.

„Was, hier, obwohl du weißt...?"

„Gerade deswegen", antwortete Grooten. „Wenn ich weg bin, schöpfen sie Verdacht. Laß sie ruhig kommen. Sie müssen mir erst mal beweisen, daß ich mit dem Untergrund etwas zu tun habe. Wenn ich jetzt verschwinde, kann ich möglicherweise nicht mehr zurück. Dann muß ich auch untertauchen. Bei euch liegen die Dinge anders. Eure Namen sind nicht genannt worden."

„Du hast recht", meinte Thies, „du bleibst hier, das ist für dich das sicherste."

„Aber Jo, was wird mit Jo?" fragte Grooten. „Ich meine, es ist besser, wenn er mit euch geht. Man weiß nicht, wie genau sie die Sache untersuchen werden. Und wenn sie Jo auf den Zahn fühlen? Nein, es ist besser, wenn Jo unsichtbar bleibt."

„Ich stimme dir zu", sagte Thies, der anscheinend der Gruppenführer war, „du mußt ihn schnell aufwecken, damit er sich fertig macht. Viel Zeit bleibt nicht mehr, denke ich."

Es war nicht einfach, Jo aus seinem ersten Schlaf zu wecken. Als er aber wußte, worum es ging, war er in kurzer Zeit hellwach. Der Abschied fiel ihm leicht, denn bald würde er zurück sein.

Es war kalt, und Jo fror. Er zitterte nicht nur vor Kälte, sondern auch vor Angst. Er hatte Mühe, mit den anderen Schritt zu halten. Der Rucksack hinderte ihn in seinen Bewegungen. Manchmal blieb er einige Meter zurück, und dann mußte er einen Dauerlauf einlegen, um die Gruppe wieder einzuholen. Gott sei Dank merkte einer der Männer, wie schwer es ihm fiel.

„Gib mir mal den Rucksack", flüsterte er. Zugleich nahm er Jo an die Hand. „Ich ziehe dich ein bißchen. Wir haben nämlich noch eine ziemliche Strecke vor uns."

Nach einem Kilometer verließ Thies die Gruppe. Er wollte auf Schleichwegen versuchen, ins Dorf zurückzukehren, um die Frauen der anderen zu informieren. Dafür wäre er am besten geeignet, meinten alle. Wegen der Erklärung des Doktors würden die

Deutschen in sein Haus nicht mehr kommen.

Es wurde ein mühsamer Weg. Kilometer um Kilometer schleppten sich die Männer durch das unwegsame Moor. Jo wurde müde und stolperte fortwährend. Nur gut, daß ein Mann ihn an der Hand hielt, sonst wäre er auch noch dauernd hingefallen.

Endlich, nachdem sie über eine Stunde unterwegs gewesen waren, sagte der Mann, der voranging: „So, Leute, wir sind da!"

Jo blickte sich ratlos um. Er sah weit und breit kein Haus.

„Hier entlang", sagte der Mann, der ihn gestützt hatte. „Hier entlang, Jo, und vorsichtig, wenn du jetzt nach unten läufst! Der Moorboden ist glatt."

Jo war schleierhaft, wie die Männer in der Dunkelheit den Weg gefunden hatten. Zu seiner Überraschung standen sie plötzlich in einer Höhle, die in das Moor hineingegraben war. Einer der Männer machte Licht. Er zündete eine Sturmlaterne an, die an einem Balken ging.

„So", sagte er, "bringen wir erst mal Licht in die dunkle Angelegenheit."

Jo sah sich um. Was er erblickte, stimmte ihn nicht fröhlich. Es war die düsterste Unterkunft, die er sich vorstellen konnte. Die Wände und der Fußboden bestanden aus rohen Holzbrettern, das Dach aus Balken, über die Dachpappe genagelt war. In der Mitte stand auf einem Stück Wellblech ein rostiger Ofen. Entlang der Wände waren breite Holzborde angebracht, die offensichtlich als Sitz- und Schlafgelegenheiten dienten. Breit genug, um zu zweit nebeneinander zu schlafen. In einer Ecke lag ein Stapel zusammengefalteter Pferdedecken auf einer roh gezimmerten Kiste. Der Raum war etwa vier Meter lang und vier Meter breit. Ein Tisch fehlte.

„Wie findest du unsere Villa, Jo?" fragte der Mann, der ihn geführt hatte. Gert hieß er. „Eine Luxusherberge, was?"

Jo lächelte gequält. „Och", sagte er, „ich habe schon nettere Häuser gesehen."

„Es gibt auch noch 'ne Menge schlechtere", sagte ein anderer, den sie Berend nannten, „ein Gefängnis zum Beispiel. Glaub mir,

Junge, es ist besser, hier in Freiheit zu sitzen als in einem deutschen Gefängnis."

„Sollen wir den Ofen noch anmachen, oder legen wir uns gleich aufs Ohr?" fragte Gert.

„Das lohnt die Mühe nicht", meinte Berend. „Warum sollen wir Brennstoff verschwenden? Wenn wir ausgeschlafen haben, können wir Feuer machen.

Die anderen stimmten zu. Also wurden die Decken verteilt, die drei Männer zogen die Schuhe aus und machten es sich bequem. Jo bekam Gert zum Bettnachbarn. Das Lager war so hart, wie ein Brett nur sein kann. Jo glaubte nicht, daß er überhaupt schlafen könnte. Doch er hatte sich getäuscht. Er war so todmüde, daß er bereits nach ein paar Minuten so tief wie ein Murmeltier schlief.

16

Als Jo am Morgen wach wurde, wußte er zuerst nicht, wo er war. Dann erkannte er im Dämmerlicht Gert, und da erinnerte er sich wieder an die vergangene Nacht. Er war immer noch müde. Von dem langen Marsch durch das Moor taten ihm alle Glieder weh. Plötzlich fiel ihm ein, daß Vater Grooten von den Deutschen Besuch bekommen sollte. Sein Herz krampfte sich zusammen, und dann hielt er es auf dem Lager nicht mehr aus. Er mußte mit jemandem sprechen, irgend etwas tun. Er warf die Decke ab und sprang auf. Gert schreckte davon hoch.

„He", rief er, „du hast aber eine besondere Art aufzustehen!"

„Hast du was von Vater Grooten gehört?" fragte Jo ängstlich.

„Nein, natürlich nicht. Es ist doch kaum hell. Du bist bestimmt sehr unruhig, nicht wahr?"

„Klar. Man weiß doch nie, wie so etwas ausgeht."

„Ich kann's dir nachfühlen", sagte Gert mitleidig. „Reg dich aber nicht zu sehr auf, dazu ist immer noch Zeit. Grooten ist ein schlauer Kerl, der redet sich schon heraus. Wenn sie keine genauen Beweise haben, werden sie ihn nicht einsperren können. Nein, ich sehe da keine Gefahr für ihn. Thies wird wohl kommen und uns erzählen, was im Dorf los ist. Er wird auch wissen, wie es bei Grooten zugegangen ist.

„Wann wird Thies hier sein?" fragte Jo.

„Schwer zu sagen ... Vielleicht am Mittag. Wenn die Deutschen aber im Ort geblieben sind und eine strenge Untersuchung durchführen, wird er es vor Einbruch der Dunkelheit nicht riskieren!"

Jo war entsetzt. „Müssen wir denn den ganzen Tag hierbleiben?"

„Ja, Kerlchen, es wird uns nichts anderes übrigbleiben. Wir können froh sein, wenn es bei einem Tag bleibt. Wir haben schon einmal zweieinhalb Tage hier gesessen – und das ohne Verpflegung. Das war ein Leben! Damals war die Höhle gerade fertig geworden, und wir hatten vergessen, daß man auch essen muß, wenn man sich versteckt. Junge, was hat uns der Magen geknurrt! Wir waren heilfroh, als wir endlich zurückgehen konnten. Inzwischen haben wir uns einen kleinen Vorrat angelegt für die Zeit, in der wir uns hierher zurückziehen müssen. Für eine Woche reicht er, auch wenn wir zu viert sind. Leckere Mahlzeiten kannst du natürlich nicht erwarten, im Hotel bist du hier nicht. Einen Tag gibt's Bohnen mit Speck, am anderen Linsen. Auch mit Speck. Und für den Fall, daß es mal knapp wird, haben wir auch noch ein paar Angeln da. Wir können dann im nahe gelegenen Bach Fische fangen. Bisher war das aber noch nicht nötig. Brennstoff haben wir reichlich, denn von dem Torf aus dem Moor können wir soviel verbrauchen, wie wir benötigen."

„Aber Brot gibt es hier nicht!" behauptete Jo.

„Nee, das ist nicht möglich. Es wäre in ein paar Tagen verdorben."

„Was machst du denn jetzt?" erkundigte sich Jo neugierig, als Gert Mehl aus einer Dose in eine Blechschüssel schüttete.

„Ja, Junge, nun rate mal", grinste Gert. „Ich habe Hunger.

Bohnen kann ich aber nicht so schnell kochen, die müssen vorher mindestens zwölf Stunden eingeweicht werden. Deshalb werde ich aus diesem Mehl irgend etwas zusammenbrauen. Ob's dann auch schmeckt, weiß ich beim besten Willen nicht. Du könntest inzwischen am Bach einen Kessel Wasser holen. Wenn du aus der Höhle kommst, etwa fünfzig Meter rechts. Verfehlen kannst du ihn nicht, jedenfalls kann ich es mir nicht vorstellen."

Jo nahm den Kessel und ging hinaus. Es war empfindlich kalt, in der Nacht zuvor hatte es gefroren. Sogar auf dem Bach war eine Eisschicht, so daß Jo mit einem Holzstück erst einmal ein Loch schlagen mußte. Das Moorwasser sah gar nicht appetitlich aus, braun und dreckig. Aber Jo sah ein, daß es keine andere Möglichkeit gab. Giftig wird es schon nicht sein, dachte er.

Als er zurückkam, wuchs seine Bewunderung für die Männer, die in der vergangenen Nacht den Weg zur Höhle mühelos gefunden hatten, noch mehr. Der Eingang und das Dach waren mit Heidekraut so gut getarnt, daß er einige Mühe hatte, beides wiederzuerkennen.

Inzwischen waren die beiden anderen Männer auch wach geworden, aber sie lagen noch auf ihrem Holzbrett. Jetzt erst hatte Jo Zeit, sie sich genau anzusehen.

Berend war genauso kräftig und breitschultrig wie Gert, dagegen war der dritte, den sie Job nannten, ein kleiner, gedrungener Mann. Er schien aber zäh und muskulös zu sein.

Berend reckte sich und fragte: „Sag mal, Koch, wie steht's denn mit heißem Tee? Bringst du uns eine Tasse ans Bett?"

Gert griente. „Einen Augenblick, Mylord. Herr Hitler hat mir persönlich versprochen, ein paar Päckchen Tee zu schicken. Aber die Post ist noch nicht da. Wenn Sie eben noch warten wollen, kann ich Ihnen einen Pfannkuchen anbieten, wie Sie ihn bestimmt noch nicht gegessen haben!"

Gert versuchte, aus Mehl und Wasser einen Teig zu machen. Es wurde jedoch nur eine klumpige Masse. Er gab noch einen Schuß Rübenöl hinzu. Endlich entstand etwas Teigähnliches, nachdem er noch mehr Wasser hinzugefügt hatte.

In einer alten Pfanne briet er auf dem glühendheißen Ofen Speckscheiben an und legte sie auf ein Bord. Dann machte er sich ans Pfannkuchenbacken. Doch vergaß Gert, zuerst Öl in die Pfanne zu geben. Job machte ihn darauf aufmerksam.

„Na, wenn schon", lachte Gert. „Auch das beste Pferd stolpert mal."

Er bemühte sich, die abscheulich riechende Masse aus der Pfanne zu bekommen. Das war gar nicht so einfach. Schließlich mußte er mit einem großen Messer den ganzen Pfannenboden auskratzen. Dann konnte er von neuem beginnen, und das nächste Produkt sah wirklich wie ein Pfannkuchen aus. Berend erhielt die erste Zuteilung.

„Na?" fragte Gert, als Berend eine Zeitlang grimmig gekaut hatte und schluckte und schluckte.

„O Gott! O Gott!" kam die Antwort.

„Wie schmeckt es denn?" hakte Gert noch einmal nach.

„Also", grinste Berend, „ich sage nichts dazu."

Der nächste Pfannkuchen war für Job. Nachdem der eine Weile gekaut hatte, sagte er bedachtsam: „Na ja, ich habe das Zeug zwar hinuntergekriegt, aber in meinem Stiefel ist ein großes Loch. Vielleicht eignet sich ein Pfannkuchen eher zum Stopfen."

Gert kümmerte sich nicht um diese Bemerkungen. „Wenn ihr denkt, daß ihr irgendwo bessere bekommen könnt, geht doch dorthin. Meine Pfannkuchen müssen gut sein. Das Wasser ist vielleicht nicht das allerbeste, auf alle Fälle ist es aber naß. Das Mehl ist gut, das Öl ist gut, der Speck ist gut – was wollt ihr eigentlich mehr?"

„Wenn alles in der Pfanne gut ist, muß es doch wohl an dem Mann hinter der Pfanne liegen", meinte Berend. „Was meinst du, Jo?"

Der Junge hatte inzwischen auch begonnen, seinen Anteil zu verzehren. „Ooch, sie sind nicht so lecker wie die von Mutter Grooten, aber ich würde sie auch nicht gegen Zuckerrüben oder Tulpenzwiebeln eintauschen wollen."

Die Lebensmittelnot im Westen des Landes war so groß, daß

die Menschen glücklich waren, wenigstens ein Kilo Tulpenzwiebeln oder ein Kilo Zuckerrüben zu bekommen.

Einen Augenblick schwiegen die Männer.

„Du hast recht, Junge", sagte dann Berend. „Was sind wir eigentlich für undankbare Gesellen. Wenn diese Pfannkuchen auch nicht so schmackhaft sind, nahrhaft sind sie auf jeden Fall."

Und damit hatte er recht, denn mehr als einen Kuchen schaffte keiner. Dazu muß gesagt werden, Gerts Pfannkuchen waren auch zentimeterdick.

Nach dem Frühstück räumte Gert auf und ging abwaschen, wenn man das Abspülen mit dem braunen, kalten Moorwasser so nennen konnte.

„Jetzt werde ich Bohnen einweichen", sagte er anschließend, „sonst müssen wir heute abend wieder Pfannkuchen essen."

„Aber wenn Thies kommt und die Luft rein ist, hast du die Bohnen umsonst angesetzt", bemerkte Job.

„Ja, wenn ... Ich habe so das Gefühl, daß wir hier länger bleiben müssen", seufzte Gert. „Wenn die Deutschen einen Verdacht haben, forschen sie gründlich nach, das wißt ihr. Da sind die ganz stur. Denn es geht um Waffen, vergeßt das nicht ..."

„Wenn sie nichts finden, werden sie sich bald langweilen", meinte Berend. „Wo sollen sie auch im Moor suchen? Überhaupt, so gründlich werden sie auch nicht mehr schnüffeln – die wissen doch genau, daß der Krieg für sie verloren ist."

„Das meinst du. Ich denke aber, viele Deutsche hoffen noch auf ein Wunder und halten bis zum Letzten durch."

Den ganzen Tag saßen sie um den Ofen herum. Thies ließ sich nicht blicken.

Das Abendessen, Bohnen mit Speck, war ganz ordentlich. Trotzdem schmeckte es den Männern nicht. Sie horchten auf jedes Geräusch. Aber auch am Abend war von Thies nichts zu hören und zu sehen. Gegen Mitternacht bemerkte Job: „Ihr könnt hier weiter sitzen, bis ihr schwarz werdet. Thies kommt doch nicht. Ich gehe ins Bett, dann langweile ich mich wenigstens nicht!"

In dieser Nacht schlief niemand gut. Kein Wunder, den ganzen

Tag hatten sie ohne Bewegung in der Höhle gehockt.

Am nächsten Morgen aßen sie zum Frühstück den Rest der Bohnen. Sie schmeckten zwar nicht auf nüchternen Magen, sättigten aber sehr. Wieder begann ein Tag voller Langeweile. Und wieder erschien Thies nicht.

Auch am dritten Tag saßen die vier schweigend um den Ofen herum. Keiner sagte ein Wort. Das große Thema, der Krieg, war ausreichend behandelt worden. Jeder war mit seinen eigenen Gedanken beschäftigt. Die Männer sorgten sich um ihre Familien. Jo dachte an seine Eltern, an Grootens und an Berends.

Schließlich hielt es Job nicht mehr aus. „Ich gehe zum Bach, angeln", sagte er. „Wenn ich hier noch länger untätig herumsitze, werde ich sonst wahnsinnig."

Aus einer Handvoll Mehl, einem Schuß Öl und Wasser bereitete er Köder und verzog sich schnell. Die anderen starrten ihm nach.

„Der ist in zehn Minuten wieder hier", meinte Berend. Er sollte sich aber irren. Job blieb anderthalb Stunden weg, und als er zurückkam, hatte er eine ausreichende Mahlzeit gefangen.

„Die haben bestens angebissen", rief er. „Wenn Thies heute abend wieder nicht kommt, gehe ich morgen noch einmal los."

„Wo ist deine Angel", fragte Gert.

„Die habe ich gleich dort gelassen."

„Also rechnest du damit, daß Thies nicht kommt", sagte Berend.

„Ich weiß es nicht. Aber wenn er kommt, kann ich die Angel immer noch holen."

Auch an diesem Abend blieb Thies aus. Die Männer begannen, sich ernsthaft zu sorgen. Sollte er verhaftet worden sein? Was war im Dorf passiert?

„Ich muß ins Dorf", sagte Berend schließlich. „Ich muß wissen, was los ist. Wir sitzen hier nun schon drei Tage. Das ist doch nicht normal!"

„Mann, du solltest wohl klüger sein!" rief Job. „Ins Dorf zu gehen, ist lebensgefährlich! Wenn da nichts los wäre, hätte Thies sich längst gemeldet. Er wagt es nicht, das Risiko einzugehen."

„Und wenn Thies verhaftet worden ist“, warf Berend ein, „wer warnt uns dann?“

Schließlich ließ er sich überreden, von seinem Plan abzulassen. „Ich warte bis morgen nacht“, sagte er. „Wenn Thies dann noch nicht hier gewesen ist, gehe ich nach Hause, komme, was da wolle.“

Am nächsten Morgen aßen sie zum Frühstück gebratenen Fisch. Gert hatte die Mahlzeit schon am Abend vorbereitet. Ein seltsames Frühstück, aber eine willkommene Abwechslung zu den Linsen und Bohnen. Bis auf die entsetzlich vielen Gräten! Gert fand das gar nicht so schlimm. Denn dadurch dauerte die Mahlzeit länger und verkürzte die Langeweile.

Nach dem Frühstück ging Jo wie immer los, um Wasser für den Abwasch zu holen. Es hatte in der Nacht wieder Frost gegeben, doch zu Jos Überraschung war die Wasserstelle nicht zugefroren. Er konnte sich das nicht erklären, bis sich plötzlich die Angelschnur heftig im Wasser bewegte.

Dann begriff er, daß ein Fisch, wahrscheinlich ein recht großer, an Jobs Angel sitzen mußte. Das Tier hatte mit der Schnur und dem Schwimmer das Wasser in Bewegung gehalten, so daß es nicht gefrieren konnte.

Im ersten Augenblick wollte Jo den Fisch allein herausholen. Aber dann fiel ihm ein, daß Job vielleicht damit nicht einverstanden war. Schließlich hatte er die Angel ausgelegt. Schnell lief Jo zur Höhle zurück, um Job zu holen. Der stürzte sofort los und vergaß sogar in seiner Begeisterung, seine Jacke anzuziehen. Das Einholen war jedoch keine einfache Sache. Der Fisch gebärdete sich wie toll.

Job ging vorsichtig ans Werk und ließ sich dabei Zeit. Nach und nach zog er den Fisch heran, zwischendurch ließ er die Schnur immer wieder locker. Dieses Spiel dauerte etwa zehn Minuten. Dann schien der Fisch müde zu werden. Seine Bewegungen wurden träger. Sachte, ganz sachte holte sich Job den Fisch ans Ufer, und endlich ragte sein Kopf aus dem Wasser. Und was für ein Kopf! Ein gefährliches Gebiß wurde sichtbar, und ein Paar

Augen glotzten die beiden Angler bösartig an.
Job und Jo zuckten zusammen.
„Junge, Junge, was für ein mächtiger Hecht", schnaufte Job. Es schien, als hätte der Fisch auf diese Bemerkung gewartet – plötzlich entstand an der Wasserstelle eine heftige Bewegung, und dann war der Fisch weg.
Damit hatte Job gerechnet. Er ließ die Schnur wieder laufen, bis der Hecht sich ausgetobt hatte, am Ende war und sich ans Ufer holen ließ.
„Jetzt mußt du mir helfen", sagte Job zu Jo. „Nimm die Angel und halt das Biest mit dem Kopf über Wasser. Ich versuche ihm hinter die Kiemen zu greifen."
Es gelang. Job bekam den Fisch zu fassen. Mit einem Schwung schleuderte er ihn ans Ufer und tötete ihn.
„Bleib mit den Fingern von seinem Maul weg", warnte Job. „Er kann auch jetzt noch zuschnappen!"
„Was für ein Tier!" rief Jo. „Was mag der wohl wiegen?"
„Ich schätze bestimmt zwanzig Pfund. So ein Monstrum habe ich noch nie gefangen. Vorläufig werden wir genug Fisch zu essen haben. Und jetzt ab zu den anderen."
Er packte den toten Hecht wieder hinter den Kiemen, um ihn zur Höhle zu tragen. Das Tier war so lang, daß der Schwanz über den gefrorenen Boden schleifte.
„Wo steckt denn der Koch?" rief Job, als sie bei der Höhle ankamen. „Ich habe hier ein Fischchen, das zubereitet werden muß."
„Kommt schon herein", rief Gert von drinnen. „Glaubt nur nicht, ich käme deswegen heraus!"
Er schlug die Hände über dem Kopf zusammen, als Job den Fang hereinschleppte. „Mann, o Mann, ist das ein Biest! Dazu braucht man ja einen Schlachter!"
„Dabei schmecken die großen Burschen doch nicht", meinte Berend.
„Blödsinn." Job grinste. „Du bist bloß neidisch auf meinen Fang."

Und er behielt recht. Die Mahlzeit schmeckte vortrefflich. Die vier aßen so viel, daß sie ganz müde auf ihre Betten fielen.

Als sie aber am Abend die Sturmlaterne anzündeten, kamen alle Sorgen zurück. Das Gespräch stockte, jeder beschäftigte sich mit seinen Gedanken und Problemen. Gegen zehn Uhr legten sie sich schlafen, weil sie mit dem Petroleum für die Lampe sparsam sein mußten.

Nur Berend machte keine Anstalten.

„Willst du heute nacht aufbleiben?" fragte Gert.

„Nein, ich gehe nach Hause. Das habe ich doch gestern abend gesagt!"

„Sei doch vernünftig", mischte sich Job in das Gespräch ein, „geh doch kein unnötiges Risiko ein! Du bringst nicht nur dich, sondern auch Grootens und Herrn van Buren in Gefahr."

„Keine Angst", antwortete Berend, „ich werde schon nichts verraten. Wenn ich verhaftet werde, weiß ich von nichts."

„Das ist leicht gesagt", meinte Gert. „Wenn sie dich aber foltern, was dann? Wenn sie eine brennende Zigarette auf deiner Haut ausdrücken? So kann man nämlich Menschen zum Sprechen bringen. Bist du sicher, daß du dann auch nichts sagst? Ich weiß nicht, ob ich dann noch schweigen würde . . ."

Berend zögerte. Dann sagte er fest entschlossen: „Nein, eher können sie mich totschlagen, bevor ich etwas sage. Ich gehe nach Hause. Ich muß wissen, wie es meiner Frau und meinen Kindern geht."

So sehr ihn die anderen auch zu überreden versuchten, Berend blieb bei seinem Entschluß. Während sie sich noch darüber unterhielten, wurde auf die vereinbarte Weise an die Tür geklopft.

Mit einem Satz war Job am Eingang und riß die Tür mit einem solchen Ruck auf, daß die klitschnasse Gestalt direkt in seine Arme fiel.

Noch nie war Thies mit so viel Begeisterung begrüßt worden. Alle schrien durcheinander und bestürmten ihn mit Fragen.

Doch Thies war die Ruhe selbst. „Ich kann erst berichten, wenn ihr auch zuhört, Leute. Gegen euer Schreien komme ich nicht an.

Bei euch zu Hause ist alles in Ordnung. Wie es bei Grootens aussieht, weiß ich nicht genau. Arend hat mir ausrichten lassen, ich solle nicht kommen, weil in den letzten Tagen immer noch ‚fremde Vögel' um sein Haus herumschwirrten. Wenn alles sicher ist, gibt er mir ein Zeichen. Die Deutschen haben in der Abwurfnacht unaufhörlich nach der Beute gesucht. Gefunden haben sie nichts. Soviel ich weiß, sind sie in der Nacht noch bei Grootens gewesen. Sie haben ihn aber nicht mitgenommen. In den letzten drei Tagen haben sie immer wieder das Gelände abgesucht. Sogar abends fuhren sie nicht nach Assen zurück, sondern übernachteten im Dorf. Heute, am späten Nachmittag, sind sie endlich abgezogen. Alles ist jetzt sicher, ihr könnt zurückkommen. Ich habe extra noch bis neun Uhr gewartet, bevor ich losgegangen bin. Unterwegs ist mir kein Mensch begegnet. Ich hätte auch schon eher kommen können. Doch hat Tauwetter eingesetzt, und es regnet unaufhörlich. Ich bin naß bis auf die Haut. Statt mir einen Ehrenplatz am Ofen anzubieten, lassen die Herren mich noch in der Kälte stehen! Und das, obwohl ich euch einen Krug mit Kaffee mitgebracht habe. Ja, so ist es nun einmal: Undank ist der Welt Lohn!"

Mit diesen Worten setzte er einen in Zeitungspapier eingewickelten Krug auf ein Wandbrett.

„Von den allerletzten Bohnen, die deine Frau versteckt hatte, Berend", Thies grinste, „das werdet ihr doch zu würdigen wissen, Männer!"

Das taten die Höhlenbewohner auch ausreichend, zumal der Kaffee noch herrlich warm war.

„Schmeckt doch besser als Moorwasser", murmelte Berend, während er genüßlich das Getränk schlürfte.

Die Männer waren glücklich, daß sie nun wieder nach Hause konnten. Deswegen fiel es zunächst gar nicht auf, daß Jo still in einer Ecke saß.

„Was ist los, Jo?" fragte Thies. „Findest du es hier nicht langweilig, willst du gar nicht weg?"

„Doch, ich möchte zu gerne weg", sagte Jo leise, „aber wo soll ich denn hin? Wenn es bei Grootens noch nicht sicher ist, kann ich mich da doch nicht blicken lassen. Wenn sie dort eine Haussuchung machen, schnappen sie nicht nur mich, sondern verhaften auch Grooten und seine Familie. Sie lassen keinen laufen, der Juden versteckt. Eine andere Adresse kenne ich nicht. Bei Herrn van Buren kann ich nicht unterkommen, im Dorf bin ich zu bekannt, und bei Berends sind NSBler."

Verlegenheit breitete sich aus. Die Männer schämten sich, weil sie über ihrer Freude den Jungen vergessen hatten. Sie konnten in ihr eigenes Haus zur eigenen Familie zurückkehren, für Jo gab es nirgendwo einen sicheren Platz.

Besonders Thies war von Jos Worten betroffen. Der Junge hatte recht. Was für ein Elend mußte der mitmachen? Wie alt war er eigentlich? Vielleicht zwölf? Er dachte nicht nur an sein eigenes Schicksal, sondern auch an die Gefahr, in die er andere brachte. Durch die Erfahrungen, die er während der Verfolgung gemacht hatte, war er schon sehr reif für sein Alter.

Endlich sagte Thies: „Tja, Jo, wo sollst du hin? Eigentlich wollte ich heute abend bei Grooten vorbeigehen. Das wäre ein Umweg von einer Dreiviertelstunde gewesen. Dann wäre ich erst gegen Mitternacht hier angekommen. Weil nun Tauwetter eingesetzt hat und die Moorwege immer unwegsamer geworden sind, wäre es vielleicht vier Uhr oder später geworden, bis wir wieder im Dorf gewesen wären. Unsere Frauen hätten sich zu Tode geängstigt. Deshalb habe ich den kürzesten Weg genommen. Das beste wird sein, du kommst mit uns. Bei einem von uns wird schon eine Schlafstelle zu finden sein."

„Jo kommt zu mir", sagte Job sofort. „Wir haben genug Platz."

„Aber auch einen Stall voll Kinder", entgegnete Thies. „Wenn die morgen früh Jo sehen, werden sie wissen wollen, woher er plötzlich kommt. Du wohnst mitten im Dorf. Ein Wort von deinen Kindern kann das Mißtrauen bestimmter Leute wecken. Vergiß nicht, daß es im Dorf von NSBlern wimmelt."

„Das kümmert mich nicht", entgegnete Job. „Jo gehört zu uns, und er geht mit mir."

„Es ist besser, wenn Jo zu mir kommt“, sagte Berend langsam. „Wir wohnen außerhalb. Die Möglichkeit der Entdeckung ist bei uns geringer.“

„Wann wollen Sie zu Grooten gehen?“ fragte Jo Thies.

„Morgen früh. Ich weiß nicht, ob ich selbst hingehe. Das hängt davon ab, ob es mir sicher erscheint. Auf jeden Fall erfährt Grooten morgen früh, wo du bist. Warum?“

„Nun, dann bleibe ich hier“, antwortete Jo. „Wenn Grooten mich morgen abend abholt, droht allen kaum Gefahr. Kann er mich nicht aufnehmen, wird er mich zu einem von euch bringen. Wenn die Luft rein ist, kann ich dann wieder zu Grooten zurück!“

„Traust du dir das zu? Hierzubleiben? Ganz allein?“ fragte Thies.

„Ja, warum nicht? Es ist ja nur für eine Nacht und einen Tag.“

„Ich glaube, das wird das beste sein, und auch das sicherste“, meinte Thies.

„Ich lasse Jo hier nicht allein“, widersprach Job. „Das geht doch nicht. So ein Kind, allein im Moor . . . Ich selbst würde das ja nicht aushalten.“

Das Gespräch ging noch eine Weile weiter. Endlich einigten sich die Männer, Jo sollte doch allein in der Höhle bleiben und am nächsten Abend abgeholt werden.

Die Männer zogen ihre Jacken an. Einen Rest Kaffee ließen sie Jo zurück. Dann nahmen sie Abschied. Allen fiel es schwer, sich von dem Jungen zu trennen. Jo sah ihnen nach, bis die Dunkelheit sie verschluckte. Dann ging er in die Höhle zurück.

Er fühlte sich entsetzlich allein.

17

Nachdem die Männer mit Jo zur Höhle aufgebrochen waren, öffnete Grooten die Türen und ließ sie eine Weile offenstehen. Die Männer hatten nämlich tüchtig geraucht, und der Gestank des selbstangebauten Tabaks hing schwer im Hinterhaus. Grooten hätte bei einer Haussuchung nicht erklären können, woher er kam, so mitten in der Nacht.

Leider wehte kein Wind, das Lüften brachte keinen Erfolg. Der Bauer kratzte sich sorgenvoll hinter dem Ohr. Da kam ihm eine Idee. Lächelnd ging er durch das Hinterhaus und betrat den angrenzenden Kuhstall. Mit einer großen Schaufel rührte er im Mist herum. Das Resultat übertraf seine Erwartungen. Im Nu duftete es im ganzen Hause süßlich nach Mist, der Tabakgeruch war verflogen. Grooten schloß zufrieden die Türen und ging zu Bett.

Eine halbe Stunde später wurde laut an die Tür geklopft.

Eine rauhe, kehlige Stimme schrie: „Aufmachen! Sofort!“

Grooten beeilte sich nicht allzu sehr. Er brauchte doch Zeit, um erst einmal richtig wach zu werden! Wenn er zu schnell käme, wäre das höchst verdächtig. Wieder wurde heftig geklopft und geschrien.

„Was ist los?“ fragte seine Frau, die vom Lärm wach geworden war. „Da scheint jemand an der Tür zu sein . . .“

„Ganz recht“, flüsterte Grooten. „Sicherlich Deutsche. Ich wußte, daß sie kommen würden. Wenn sie dich fragen, ich bin die ganze Nacht hier gewesen, hörst du?“

„Sie haben dich doch nicht gesehen?“ fragte seine Frau ängstlich.

„Nein, nein, das weiß ich ganz sicher. Ich öffne jetzt. Bleib ruhig, es wird schon gutgehen.“

Er zündete eine Sturmlaterne an und ging zur Tür. „Ist da jemand?“ rief er.

„Ja, Polizei! Aufmachen!“

Grooten schob den Riegel weg und öffnete die Tür. Er gähnte verschlafen und sagte dann: „Guten Abend. Ist es nicht ein bißchen spät für einen Besuch? Ist was passiert?“

„Das wissen Sie doch ganz genau!“ schnauzte ihn ein Polizist an. Er sprach niederländisch.

Grooten hielt die Lampe hoch und leuchtete dem Mann ins Gesicht, hinter dem drei weitere Uniformierte standen. Es mußte van Klaveren sein. Grooten wußte das sofort, obwohl er den Mann noch nie gesehen hatte. Van Buren hatte ihm erzählt, wie der Kerl aussah. Das rabenschwarze Haar, die stechenden braunen Augen – kein Zweifel, das war van Klaveren. Und bei dem mußte Grooten besonders vorsichtig sein.

„Was wollen Sie?“ fragte er.

„Das weißt du doch ganz genau“, polterte van Klaveren los. „Erzähl schon, wo du die Sachen versteckt hast!“

Grooten fand, daß es nun Zeit für seinen Auftritt war. “Hört mal“, murrte er ungeduldig, „ihr kreuzt mitten in der Nacht auf, um Rätsel aufzugeben. Tut mir den Gefallen und verschwindet! Ich stehe hier und vergehe vor Kälte. Zu dieser nachtschlafenden Zeit halte ich das Lösen von Rätseln für keine lustige Beschäftigung!“

„Muß ich dein Gedächtnis erst ein bißchen auffrischen?“ drohte van Klaveren.

„Jedenfalls können Sie mich fragen, was Sie wollen.“

„Vielleicht erinnerst du dich jetzt“, brüllte van Klaveren und schlug Grooten plötzlich ins Gesicht.

Jetzt vergaß Grooten seine Zurückhaltung und seine Vorsicht. Er wurde blaß vor Wut. Ohne Rücksicht auf die Folgen setzte er die Lampe nieder und versetzte dem Polizisten einen Kinnhaken, daß der gegen die Wand taumelte. Im selben Augenblick packte er ihn an der Kehle.

„Dreckiger Rottmoffenknecht!“ zischte er. „Wenn du denkst, ich hätte vor dir Angst, dann irrst du dich aber gewaltig!“

Er preßte den Mann noch einmal gegen die Wand, dann ließ er

ihn, noch immer vor Wut zitternd, los.

Van Klaveren hantierte wütend an seiner Pistolentasche. Aber er kam nicht dazu, die Waffe zu ziehen, denn Grooten packte seinen Arm und verdrehte ihn. Der Mann wimmerte vor Schmerzen. Schließlich griff der deutsche Offizier, der hinter ihm stand, ein.

„Schluß jetzt", brüllte er, „zum Donnerwetter noch einmal! Sind Sie verrückt geworden, van Klaveren?"

„Bestimmt!" bemerkte Grooten, der wie alle Grenzbewohner einigermaßen deutsch sprach. „Bestimmt. Vollkommen verrückt!"

„Sie sprechen ja deutsch", sagte der Offizier überrascht.

Der Bauer lächelte. „Ein wenig." Er war nicht auf den Kopf gefallen und hatte schnell heraus, daß der Offizier nicht sonderlich gut auf seinen niederländischen Helfer zu sprechen war, sonst hätte er schon viel eher eingegriffen.

Der Offizier begann nun sein Verhör auf deutsch. „Heute abend sind aus einem englischen Flugzeug Waffen abgeworfen worden. Wir wissen, daß Sie davon Kenntnis haben. Deswegen ist es besser, Sie sagen uns, wo die Dinger versteckt sind. Wenn Sie mit uns zusammenarbeiten, werde ich für meinen Teil alles tun, um Sie aus der Sache herauszuhalten."

„Waffen abgeworfen? Aus einem englischen Flugzeug?" fragte Grooten überrascht. „Herr Offizier, das ist etwas ganz Neues für mich."

„Ach, kommen Sie", lächelte der, „ich habe zwar große Hochachtung vor euch Niederländern, daß ihr den Mut zu solchen Aktionen habt. Aber wenn ihr dabei ertappt werdet, müßt ihr auch den Schneid haben, ehrlich und fair zuzugeben, Fehler gemacht zu haben. Nun sagen Sie schon, wo das Zeug geblieben ist."

„Ich ...", begann Grooten.

„Nein, warten Sie", fiel ihm der Deutsche ins Wort. „Ich kann mir gut vorstellen, daß Sie uns nichts sagen wollen, selbst wenn die Beweise gegen Sie unumstößlich sind. Sie denken, wir setzen die

Waffen gegen die Engländer ein, die Sie als Ihre Verbündeten betrachten. Da machen Sie sich aber mal keine Sorgen. Englische und deutsche Waffen sind nun einmal verschieden. Die Patronen können wir zum Beispiel keinesfalls in unseren Gewehren verwenden. Sie passen einfach nicht. Was das also angeht, schaden Sie Ihren Verbündeten, oder wen Sie dafür halten, bestimmt nicht."

„Ich weiß", begann Grooten wieder.

Der Deutsche hob beschwörend die Hände. „Nein, nein, warten Sie noch. Ich möchte nicht gern, daß Sie leugnen. Dann muß ich Sie vielleicht verhaften. Wenn sie gestehen, nehme ich es auf meine Kappe, Sie hier zu lassen. Ich verstehe auch, wenn Sie Ihre Mitwisser nicht verraten wollen. Sie haben recht, das würde ich auch nicht tun. Sie brauchen keine Namen zu nennen. Verstehen Sie mich gut. Ich sage nicht, daß wir sie nicht suchen werden. Aber Sie brauchen sie nicht zu verraten. Das ist doch ein faires Angebot, oder?"

„Sie machen es mir richtig schmackhaft", antwortete Grooten, „aber ich weiß wirklich nichts."

„Ho, ho", unterbrach ihn wieder der Offizier. „Sagen Sie das nicht! Menschenskind, das wissen wir besser. Wir wußten schon lange, daß diese Aktion geplant war. Weil es heute zunächst neblig war, ist sie anfänglich abgeblasen worden. Später klarte es aber auf, und sie wurde doch durchgeführt. Deswegen haben wir die Meldung zu spät bekommen und sind nicht früh genug zur Stelle gewesen. Ich weiß genau, wie es zugegangen ist. Sie sollten die Sachen auf Ihrem Wagen transportieren. Heute mittag sind Sie unterwegs gewesen. Sie wußten nicht, daß die Aktion verschoben war. Bei Dunkelheit sind Sie in der Nähe der Abwurfstelle gewesen. Dort haben Sie mit den anderen gewartet, bis das Flugzeug kam. Ihr habt die Sachen aufgeladen und ins Versteck gebracht. Dann sind Sie nach Hause gefahren. Sie merken also, wir sind bestens unterrichtet. Wir sind Ihrer Spur gefolgt, von dem Augenblick an, als Sie von der Straße in den Sandweg einbogen. Die Gummireifen Ihres Wagens haben Sie verraten. Die Abdrükke passen genau zum Profil Ihrer Reifen. Das haben wir schon überprüft, denn Ihr Wagen steht hinter dem Haus. Was sagen Sie jetzt?"

Jetzt wußte Grooten, daß der Offizier einen Teil der Aktion genau kannte, manches aber nur kombinierte. Fest stand, er, Grooten, war am späten Nachmittag mit Pferd und Wagen gesehen worden. Das war der einzige Beweis...

„Darf ich nun etwas sagen?" fragte Grooten spöttisch.

„Sicher doch. Heraus damit!"

„Sie haben in gewissem Sinne recht. Ich bin heute nachmittag mit Pferd und Wagen unterwegs gewesen."

„Und?" fragte der Offizier.

„Ich habe mein Pferd beschlagen lassen. Und zwar aus folgendem Grund: Wenn wir im Winter ins Dorf wollen, können wir nur laufen oder mit Pferd und Wagen fahren. Radfahren scheidet aus, abgesehen von den Ersatzreifen, die wir benutzen müssen. Wenn es aber glatt ist, kann ich normalerweise das Pferd nicht nehmen. Darum lasse ich es mit Wintereisen beschlagen. Das sind Hufeisen, in die man Stollen einsetzen kann, ähnlich wie bei Fußballschuhen. Dann rutscht das Tier nicht, auch wenn es noch so glatt ist. Wissen Sie, wenn mal jemand von uns krank werden sollte, müssen wir doch von hier fortkommen können."

„Sie brauchen mir gar nichts zu erzählen, ich bin selbst Bauer", sagte der Offizier. „Ich will das Pferd sehen. Ich sage Ihnen, wenn die Sache nicht stimmt, nehme ich Sie mit. Ich habe es gut mit Ihnen gemeint, aber ich habe nicht vor, mich hinters Licht führen zu lassen. Wenn Sie noch etwas zu sagen haben, dann raus damit."

„Sehen wir doch nach", meinte Grooten.

Als der Offizier die Hufe des Pferdes untersuchte, mußte er zugeben, daß Grootens Angaben stimmten. Die Eisen waren neu, und es waren Wintereisen. Und doch gab sich der Deutsche noch nicht zufrieden.

„Ich will mit Ihrer Frau reden."

Die ganze Gruppe trat ins Haus. Frau Grooten wurde verhört. Aber der Deutsche bekam aus ihr nichts heraus. Dann wollte er alle Kinder sprechen. Er sah bald ein, daß er von ihnen nichts erfahren konnte. Sie durften weiterschlafen.

„Na“, sagte er schließlich, „dann wollen wir es mal genug sein lassen. Ich warne Sie jedoch noch einmal! Wenn sich später herausstellt, daß Sie doch etwas mit dem Abwurf zu tun haben, dann haben Sie wenig Gutes von uns zu erwarten. Ich sage es zum letzten Mal: Es ist besser, Sie packen jetzt aus, wenn Sie etwas wissen.“

„Wollen Sie das Haus nicht durchsuchen?“ fragte van Klaveren überrascht.

Der Offizier sah ihn höhnisch an. „Dachten Sie etwa, dieser Mann ist so dumm, hier Waffen zu verbergen, wenn er etwas mit der Sache zu tun hat?“

„Ich dachte . . .“

„Wenn Sie schon denken, dann tun Sie's, bevor Sie handeln!“ schrie ihn der Offizier an. „Und lassen Sie meine Leute nicht die ganze Nacht durchs Moor laufen, damit uns am Ende jemand erzählt, er hätte sein Pferd beschlagen lassen!“

Van Klaveren sagte nichts mehr.

Am nächsten Tag strich ein fremder Bursche mit einem schwarzen Hut durch die Gegend. Er legte ein ausgesprochenes Interesse für Grootens Haus an den Tag, obwohl er sich bemühte, so wenig wie möglich aufzufallen. Viermal schlich er ums Haus, und am folgenden Tag erschien er wieder. Auch am dritten Tag streifte er in der Nachbarschaft herum.

Grooten paßte das gar nicht, deshalb dachte er sich etwas aus. Gegen Mittag spannte er sein Pferd vor den Wagen und fuhr in Richtung Abwurfstelle.

Es war neblig, die Sicht betrug etwa hundertfünfzig Meter. Der Bauer hatte sehr bald heraus, daß ihm der Mann mit dem schwarzen Hut vorsichtig folgte.

In der letzten Zeit hatte es viel geregnet. Der Moorweg war ein langgestrecktes Schlammloch geworden, das jetzt langsam zufror. Das Wasser unter dem Eis war inzwischen versickert, so daß Hohlräume entstanden waren. Der Wagen drückte das Eis natürlich ein. Für den Verfolger wurde das Gehen dadurch kein

Vergnügen. Ob er wollte oder nicht, er mußte in der Spur laufen. Daneben war der Boden nämlich so glatt, daß man jeden Augenblick ausrutschte. Derkje, das Pferd, stapfte ruhig voran, und Grooten amüsierte sich köstlich. Ab und zu drehte er sich um und sah dann eine dunkle Figur, die sich bemühte, so schnell wie möglich unsichtbar zu werden.

Grooten grinste. „Du kannst mich mal gerne haben, Freundchen", murmelte er. Etwa eine Stunde fuhr er kreuz und quer durch die Gegend. Dann hielt er bei einem großen Torfhaufen an. In aller Ruhe lud er Torfstücke auf, behielt aber währenddessen die Umgebung scharf im Auge.

Nach ein paar Minuten sah er den Mann vorsichtig von Torfhaufen zu Torfhaufen heranschleichen. Er erwartete natürlich, daß die abgeworfenen Waffen zum Vorschein kamen. Nach einer halben Stunde hatte Grooten genug Brennmaterial. Die Dämmerung hatte auch schon begonnen.

„Komm, Derkje, wir fahren nach Hause", sagte er.

Er war noch keine hundert Meter gefahren, als der Fremde schon beim Torfhaufen war und ihn untersuchte. Von Waffen keine Spur . . . Allzulange konnte er sich da nicht aufhalten. Es dämmerte bereits. Wenn er den Bauern aus den Augen verlieren würde, bestand für ihn die Gefahr, sich zu verirren. Grooten hatte inzwischen ein ganzes Stück Vorsprung.

Der Verfolger mußte rennen, um ihn einzuholen. Sehen konnte er fast nichts mehr, er mußte sich auf das Fahrgeräusch und auf das Schnaufen von Derkje verlassen. Keuchend stolperte er hinter dem Wagen her. Grooten empfand keine Spur Mitleid mit dem Mann. Das war doch einer von denen, die dafür verantwortlich waren, daß Jo sich wie ein Verbrecher verstecken mußte.

Über Jo machte sich Grooten viele Gedanken. Von Thies wußte er, daß die vier in der Höhle angekommen waren. Nur konnte Thies nicht zur Höhle zurück, weil sich immer noch Deutsche im Moor aufhielten und nach den Waffen suchten. Nach vier Tagen war die Luft rein, und Thies machte sich wieder auf den Weg. Aber davon wußte Grooten nichts.

18

Es regnete noch, als Thies mit seinen drei Freunden losging. Den Männern machte das nichts aus. Sie freuten sich, daß sie nach Hause gehen konnten. In der Dunkelheit kamen sie auf dem aufgeweichten Weg nur mühsam voran. So sehr es sie auch heimzog, sie konnten nicht verhindern, daß das Tempo immer langsamer wurde. Endlich, nach Stunden, kamen sie im Dorf an. Ohne gesehen zu werden – so meinten sie –, erreichten sie ihre Häuser. Leider dauerte die Wiedersehensfreude nicht lange. Früh am Morgen wurden die Männer von ein paar Deutschen aus ihren Betten geholt und in aller Stille nach Assen gebracht. Wahrscheinlich hatte einer der NSBler den Auftrag gehabt, ihre Häuser zu beobachten, denn ihre Abwesenheit war nicht unbemerkt geblieben.

Den Verräter fand man jedoch nicht.

Auch Thies wurde verhaftet. Grooten konnte also nicht davon benachrichtigt werden, daß Jo allein im Versteck geblieben war und auf ihn wartete.

Die Nacht war entsetzlich. Immer wieder wurde Jo durch Angstträume aus seinem Schlaf gerissen. In Schweiß gebadet, wachte er auf, und es dauerte lange, bis er sich erinnerte, wo er war.

Das vertraute Seufzen und Schnarchen der drei Männer, das ihn in den Nächten zuvor manchmal nicht hatte schlafen lassen, hätte ihm heute wie Musik in den Ohren geklungen.

Jo fühlte sich so allein . . . Eine angsteinflößende Stille und eine fast greifbare Dunkelheit waren um ihn. Wie gerne hätte er sich die Sturmlaterne angesteckt, um wenigstens etwas erkennen zu können, aber das wagte er nicht. Der Petroleumvorrat war bedenklich klein geworden. Gestern abend hatte Berend den Rest in die Lampe gegossen.

Ab und zu, wenn Stille und Dunkelheit ihn zu sehr bedrückten, ließ Jo seine Taschenlampe einen Augenblick aufleuchten, aber auch nur ganz kurz, denn die Batterien würde er vielleicht noch einmal nötiger brauchen.

Er lag den größten Teil der Nacht auf dem Rücken, starrte in die Dunkelheit und lauschte in die Stille. Nie zuvor hatte er sich so einsam und verlassen gefühlt. Er dachte an früher. An die Zeit, bevor er von Willem Pool „Judenlümmel" genannt worden war. An seine Eltern und seine Freunde. Das kam ihm alles so unwirklich vor, wie ein wunderschöner Traum. Wie lange war das her? Er wußte es nicht mehr.

Wenn er auch allen dankbar war, die ihm bisher geholfen hatten, die ihn retten wollten, van Burens, Berends, Grootens und allen anderen, so fragte er sich immer wieder, ob es nicht besser gewesen wäre, wenn er sich im Lager Westerbork gemeldet hätte. Bestimmt hätte man ihn mit seinen Eltern nach Polen gebracht, vielleicht wäre es auch sein sicherer Tod gewesen, aber . . .

Doch dann hörte er wieder die Stimme seines Vaters: „Mein Sohn ist nicht zu Haus, er ist verreist." Er hörte das dumpfe Klatschen, als sein Vater geschlagen wurde, und sofort wußte er wieder, daß er leben wollte. Er schöpfte neuen Mut. Er würde kämpfen, kämpfen bis zum Letzten.

Er wußte jedenfalls, daß seine Eltern vor vierzehn Tagen noch im Lager gewesen waren. In der letzten Zeit waren weniger Judentransporte durchgeführt worden. Wahrscheinlich brauchten die Deutschen die Güterwagen dringender zum Waffentransport.

Die Chance, daß seine Eltern am Leben blieben, wurde also mit jedem Tag größer. Deshalb mußte er durchhalten, wie auch immer, das war ihm jetzt völlig klar.

Grooten würde ihn sicherlich am folgenden Tag holen. Dieser Gedanke beruhigte ihn, und gegen Morgen fiel Jo in einen tiefen Schlaf. Als er wach wurde, sah er an dem hellen Lichtstreifen über der Tür, daß es schon heller Tag war.

Er freute sich. Das sollte sein letzter Tag in der Höhle sein. Zunächst beschloß er, überhaupt nichts mehr zu tun. Dann fiel ihm aber ein, es könnte auch Mittag werden, bis Grooten kam.

Nach der halb durchwachten Nacht fröstelte ihn. Also machte er den Ofen an. Zum Frühstück verzehrte er den Rest vom Hecht. Der kalte Fisch schmeckte gar nicht. Jo tröstete sich mit dem Gedanken, daß er am Abend Mutter Grootens leckeren Pfannkuchen und frische Milch bekommen würde. Er hatte entsetzliche Sehnsucht nach dem Ehepaar Grooten und den Kindern. Es kam ihm vor, als wäre er schon Monate weg.

Wie freute er sich darauf, wieder in einem kuscheligen Bett zu liegen, beim Melken den warmen Körper der Kuh zu spüren, das frohe Wiehern von Derkje zu hören. Das jüngste Kind würde wieder „Öpe, Öpe" krähen, weil es Jos Namen noch nicht aussprechen konnte.

Er verlor sich nicht nur in seinen Tagtraum, sondern räumte auch die Höhle sorgfältig auf. Die Decken wurden zusammengefaltet und weggepackt, die Büchsen mit den Linsen und Bohnen in den Schrank gestellt, die beiden übriggebliebenen Speckstücke kamen in die dafür vorgesehene Kiste, der Fußboden wurde, so gut es ging, ausgefegt, kurz, er machte es für seinen Nachfolger so gemütlich wie möglich.

Inzwischen hatte der Regen aufgehört, und die Wolkendecke war aufgerissen. Die Sonne schien zwar nicht, aber ein heller Fleck am Himmel zeigte ihren ungefähren Standort. Daran konnte Jo erkennen, daß es gegen zwei Uhr sein mußte.

Mit seiner Arbeit war er fertig, und nun mußte er beschäftigungslos warten, bis Grooten kommen würde. Die Zeit wurde ihm lang. Manchmal sprang er auf, kletterte auf einen Haufen Torf, um nach Grooten Ausschau zu halten. Doch er war nicht zu sehen.

Dann fiel ihm ein, er könnte der Familie noch ein paar Fische mitbringen. Jo ging zum Bach und blieb, bis es dunkel wurde. Es klappte nicht so gut wie an den Vortagen, schließlich hatte er aber doch einige kleine Fische beisammen.

Der Ofen war ausgegangen, als er wieder in die Höhle kam. Er fand es nicht mehr der Mühe wert, ihn noch einmal anzuzünden. Gleich würde er abgeholt werden.

Allmählich wurde es in der Höhle immer kälter. Jo nahm eine Decke und wickelte sich darin ein. Es wurde später und später – von Grooten keine Spur... Ob er sich nicht so früh her wagte? Füchtete er, gesehen zu werden? Vielleicht wartete er, bis der Mond aufgegangen war, um den Weg besser zu finden?

Oft lief Jo hinaus und sah nach, ob der Mond schon schien. Endlich, es ging schon auf Mitternacht, konnte er durch die Wolken einen Schimmer entdecken.

Die Zeit schlich dahin... Grooten erschien nicht.

In der Höhle war die Kälte inzwischen unerträglich geworden. Jo nahm sich noch eine zweite Decke. Daß Grooten überhaupt nicht kommen würde, daran dachte er keinen Augenblick. Der ließe ihn nie im Stich, das wußte Jo ganz bestimmt. Erst am Morgen schlief er völlig erschöpft ein.

Spät am Vormittag wachte er wieder auf. Die Sonne schien. An einem anderen Tag hätte sich Jo darüber gefreut, besonders nach den trüben, kalten Tagen zuvor. Doch heute war ihm das gute Wetter gar nicht recht, denn Grooten konnte dann bestimmt nicht aufbrechen. Er würde weithin zu sehen sein. Also mußte Jo bis zum Abend warten.

In der Nacht hatte es gefroren. In der Höhle war es eiskalt. Jo hatte Brennstoff genug. Also zündete er den Ofen wieder an. Schnell wurde es gemütlich warm, und er fand sich mit dem Gedanken ab, noch einen ganzen Tag bleiben zu müssen. Er war hungrig, sein Magen knurrte. Gestern hatte er außer dem Stück Hecht nichts gegessen. Nun wurde es schwierig. Ein Pfannkuchen war das einzige, was er zubereiten konnte, denn Erbsen und Bohnen mußten erst quellen. Jo machte sich an die Arbeit und probierte Gerts Methode aus. Tatsächlich, es gelang ihm. Der Pfannkuchen schmeckte zwar noch scheußlicher als Gerts, aber er war eßbar und vor allem warm. Das Mehl hatte er mit dieser Mahlzeit verbraucht, aber daran ließ sich jetzt nichts mehr ändern.

Der Tag schlich dahin. Jo wagte sich nicht hinaus.

Plötzlich erschreckte ihn der Gedanke, daß in der klaren

Winterluft der Rauch aus dem Ofen gesehen werden könnte. Also ließ er den Ofen ausgehen.

Den ganzen Tag lag er in Decken eingepackt auf einem Holzbord und starrte an die Decke.

Unruhig war er eigentlich nicht. Er glaubte fest, an diesem Abend von Grooten abgeholt zu werden. Dann hätte seine Einsamkeit ein Ende. Er war froh, als es dämmerte und er den Ofen wieder anzünden konnte. Zwar hatte er in den Decken nicht gefroren, aber so ein brennender Ofen verbreitete ein wenig Behaglichkeit und wärmte auch besser. Hungrig war Jo. Er dachte an den weiten Weg, den er noch vor sich hatte. Mit leerem Magen würde ihm der schwer werden. Aber er hatte doch noch die Fische, mit denen er Grootens überraschen wollte, die konnte er essen.

Das Ausnehmen war eine unangenehme Arbeit. Die Schuppen flogen überall herum. Doch das spielte keine Rolle. Hauptsache, er hatte etwas zu tun, und die Zeit verging schneller. Jo briet die Fische in Öl. Sie schmeckten ihm recht gut.

Als er wieder alles aufgeräumt hatte, war es schon ganz dunkel. Der Himmel war bedeckt, und es schien wärmer geworden zu sein. Jo war darüber sehr froh, denn zu einer Wanderung in schneidender Kälte hatte er keine Lust.

Nun saß er wieder da und wartete auf Grooten, aber der ließ sich nicht blicken. Dennoch verlor Jo nicht den Mut.

Um den Raum ein wenig zu beleuchten, öffnete er die Ofentür. Sofort war es in der Höhle viel angenehmer. Die grauen Holzwände schien ein rötlicher, wehender Vorhang zu verdecken. Erst leuchtete er gelb, im nächsten Augenblick rot oder violett. Seltsame Figuren zeichneten sich auf den rohen Brettern ab. Jo erkannte in den Umrissen mal eine prächtige Landschaft, dann wieder Tiere, ein Pferd, ein Schaf, auch menschliche Gestalten. Gebannt schaute er zu.

Als das Feuer niedergebrannt war, verschwanden all die schönen Dinge. Jo wollte aber noch mehr sehen, also legte er ein Torfstück nach. Das brannte aber nicht recht, sondern verursachte so viel Rauch, daß seine Augen brannten und tränten. Er mußte die Ofentür schließen. In der Dunkelheit dachte er sofort wieder an Grooten, der immer noch nicht kam.

Doch Jo gab seine Hoffnung nicht auf. Wenn er bis tausend zählte, wäre Grooten bestimmt da. Er fing an, aber als er die Zahl erreicht hatte, war er immer noch allein.

Bei zweitausend bestimmt – Jo zählte voller Hoffnung weiter... Und dann fielen ihm die Augen zu.

Auch in dieser Nacht kam Grooten nicht.

Am nächsten Morgen sah die Welt ganz anders aus. In der Nacht hatte es heftig geschneit. Eine dicke Schneedecke lag über dem Moor, und noch immer wirbelten große, weiche Flocken vom Himmel.

Als Jo zur Toilette ging, sackte er wohl zehn Zentimeter ein. Die Toilette, wenn man das ausgegrabene Loch so nennen konnte, war ungefähr fünfzehn Meter von der Höhle entfernt. Die Höhlenbewohner hatten sie „die gute Stube" genannt. Auf dem Rückweg sah Jo seine Fußabdrücke im Schnee. Da wußte er, seine Hoffnung auf eine baldige Befreiung war umsonst. Auch Grooten würde Abdrücke hinterlassen, denen man leicht folgen konnte. Nur wenn es bald taute oder weiterschneite, war es möglich, ihn zu holen.

Und doch geriet Jo nicht in Panik. Er hatte zu essen, wenn es auch nicht schön war, daß alle Mahlzeiten aus Linsen oder Bohnen bestanden. An sein Alleinsein würde er sich schon gewöhnen, sogar an das Schlafen in Kleidern... Denn sich auszuziehen, so hatten Gert und Berend ihm eingeschärft, war lebensgefährlich. Wenn etwas passierte, mußte man sofort flüchten können. Nur das braune Moorwasser mochte er immer noch nicht trinken.

Da kam ihm ein guter Gedanke! Er nahm eine Pfanne, holte damit Schnee und stellte sie auf den Ofen. Er schmolz so viel, bis er genug zum Waschen hatte. Danach fühlte er sich sehr wohl, zumal er zwischen seiner Wäsche die Dauerwürste entdeckt hatte, die Frau Berends in seinen Rucksack gepackt hatte. Jo wußte nicht, daß sie noch darin steckten. Denn er hatte sie Frau Grooten gegeben, damit sie sie verbrauchen sollte. Aber die fürsorgliche Frau hatte sie in weiser Voraussicht wieder eingepackt. Jo freute sich darüber, denn plötzlich fiel ihm ein, daß er für das Frühstück sonst nichts als gebratenen Speck gehabt hätte.

An diesem Morgen aß er trockene Wurst und trank klares Wasser dazu. Es schmeckte ihm herrlich, viel besser als das Wasser von der Wasserstelle, das erst abgekocht werden mußte, bevor es genießbar war.

Nach dem Essen weichte er gleich Linsen und Bohnen ein. Er war beruhigt, der Vorrat würde bestimmt noch vierzehn Tage reichen. Speck gab es auch noch, und um Streichhölzer und Brennmaterial brauchte er sich ebenfalls nicht zu sorgen.

Nur schade, daß er nicht mehr angeln gehen konnte. Zwar würde kaum jemand vorbeikommen, aber man konnte nie wissen!

19

Weil im Schulhaus zurückgekehrte NSBler untergebracht waren, fand kein Unterricht mehr statt. Die Schulkinder freuten sich natürlich darüber. Mutter Grooten allerdings nicht so sehr, denn jetzt hatte sie ihre Kinderschar den ganzen Tag im Haus.

Vater Grooten mußte nicht oft ins Dorf, und deshalb erfuhr er erst nach acht Tagen, als er mit dem Pferd beim Schmied war, daß seine Freunde verhaftet worden waren. Niemand kannte ihren Aufenthaltsort, aber man vermutete, sie waren in Assen eingesperrt und würden vom Sicherheitsdienst verhört.

Natürlich erschrak Grooten heftig, und seine erste Reaktion war, so schnell wie möglich unterzutauchen. Aber bald erkannte er, daß er noch in Freiheit war, weil er zu Hause geblieben war. Die anderen hatte man verhaftet, weil ihre Abwesenheit aufgefallen war. Da mußte Verrat im Spiel gewesen sein! Durch den Mann im schwarzen Hut vielleicht?

Und Jo? Wo mochte er sein?

Auf Umwegen erkundigte sich Grooten bei den Frauen seiner verhafteten Freunde, aber keine wußte etwas. Zuerst wunderte sich Grooten darüber, später leuchtete ihm ein, daß das viel besser war. Die Männer hatten vereinbart, daheim von Jo überhaupt nichts zu erzählen. Je weniger Menschen von seiner Existenz wußten, um so sicherer würde er sein.

Da wußte Grooten plötzlich, wie die Sache stand. Thies hatte ihn nach seiner Verhaftung nicht mehr benachrichtigen können, daß Jo sich noch in der Höhle aufhielt. Also war Jo noch dort!

Vater Grooten wäre am liebsten gleich losgegangen, um ihn zu holen, aber das durfte er nicht wagen. Im Schnee wäre er leicht zu verfolgen gewesen. Der Mann mit dem schwarzen Hut hatte sich zwar nicht mehr sehen lassen, man wußte aber nicht, ob der Kerl nicht plötzlich wieder auftauchen würde.

Es war furchtbar für Grooten, zur Untätigkeit verdammt zu sein. Doch dem Jungen war nicht damit gedient, wenn er ein Risiko eingehen würde. Not würde Jo in der Höhle nicht leiden, falls er nicht in Panik geriet. Doch nach dem, was der Junge mitgemacht hatte, konnte man Zutrauen zu ihm haben.

Am nächsten Morgen war es bitterkalt. Ein eisiger Ostwind fegte über die weite Moorfläche. Grooten, mit der Natur vertraut, wußte, es würde noch schlimmer kommen. Darüber war er sogar froh, denn dann konnte er Jo holen.

Er beeilte sich mit seiner Arbeit und wollte so bald wie möglich losgehen. Seine Frau bereitete eine große Thermosflasche mit heißer Milch vor und gab ihm noch eine dicke Jacke für den Jungen mit. Bei der Kälte würde Jo sie gebrauchen können.

Um die Mittagszeit machte sich Grooten auf den Weg. Seine Spuren würden schnell verweht werden.

Der älteste Junge wollte seinen Vater begleiten, aber der war dagegen. Der Weg würde für Jo schwer genug werden, obwohl der Junge nur eine Strecke zu laufen hätte, sein Sohn aber hin und zurück gehen müßte.

Es wurde eine entsetzliche Tour. Mit großer Mühe stemmte sich der Bauer gegen den zunehmenden Wind an. Der feine Pulverschnee wehte direkt in sein Gesicht. Nach kurzer Zeit hatte Grooten das Gefühl, seine Nase sei bereits erfroren. Der Wind nahm ihm fast den Atem. Obwohl er ein großer, starker Mann war, mußte er erst einmal im Windschatten eines Torfhaufens ausruhen. Nach eineinhalb Stunden großer Anstrengung kam er endlich bei der Höhle an.

Das Versteck war leer!

Auf dem Ofen stand eine Pfanne mit Linsen, über den Fußboden lagen verstreut eine Streichholzschachtel und Zündhölzer. In der Höhle war es eiskalt. Auf dem Wasser, in dem die Linsen eingeweicht waren, hatte sich eine dünne Eisschicht gebildet.

Jo war also schon längere Zeit weg. Wo konnte er sein? Warum war er weggegangen?

Grooten konnte sich das nicht erklären. Draußen sah er keine Spuren. Also konnte er auch nicht wissen, in welche Richtung Jo gegangen war. Er suchte die Umgebung ab, rief sogar Jos Namen. Als einzige Antwort hörte er nur das Heulen des Schneesturms.

Grooten suchte mehr als zwei Stunden. Dann mußte er zurück, denn es wurde früh dunkel, und verirren wollte er sich nicht. Er ging noch einmal in die Höhle, um einen Becher heiße Milch zu trinken. Dann trat er den Rückweg an.

Obwohl er nun den Wind im Rücken hatte, kam er nur langsam voran. Jetzt trug er noch die Sorge um Jo mit sich. Eine Stunde später kam er, halb bewußtlos vor Erschöpfung, zu Hause an.

Um die Ankunft ein wenig festlicher zu gestalten, hatte Mutter Grooten einen großen Stapel Pfannkuchen gebacken, die liebte Jo doch so sehr. Von dem letzten Rest Kakaopulver hatte sie eine Kanne Schokolade gekocht. Aber Pfannkuchen und Schokoladenmilch verschwanden schnell vom Tisch. Keiner hatte sie nach Vater Grootens Nachricht angerührt. Allen war der Appetit vergangen. Das jüngste Kind bekam auf die Frage, wo Öpe sei, keine Antwort.

★

In dieser Nacht fror Jo jämmerlich. Er hatte sich in alle Decken eingewickelt, wurde aber nicht warm und konnte auch nicht einschlafen. Ruhelos und zitternd lag er da und lauschte dem heulenden Wind, der immer stärker zu werden schien. Die Nacht wollte kein Ende nehmen. Erst gegen Morgen schlief er ein.

Die Kälte weckte ihn bald wieder. Draußen heulte der Sturm. Jo stand auf und wollte den Ofen anmachen. Gestern abend hatte er von einem Torfstück ein paar kleine, leicht brennbare Brocken abgetrennt. Nachdem er genügend Torf aufgelegt hatte, wollte er ein Streichholz anzünden. Doch es fiel aus seinen klammen Fingern und verlosch auf dem Boden. Mit dem zweiten, dem letzten aus der Schachtel, ging es ebenso. Ein bißchen unwillig holte Jo die große Dose aus dem Schrank. Wie gut, daß die Männer an Streichhölzer gedacht hatten!

Doch als er ein Hölzchen über die Reibfläche der Schachtel strich, brannte es nicht. Die Schachtel war feucht geworden. Aufgeregt versuchte Jo es noch einmal, auch das dritte Holz brannte nicht.

Kein Streichholz flammte auf.

Hilflos ließ sich Jo auf dem Holzbord nieder. Was nun? Wo sollte er die Streichhölzer trocknen? Er war völlig durchgefroren, wickelte sich wieder in seine Decken ein und begann nachzudenken. Er fand keinen Ausweg. Der Optimismus der letzten Tage war völlig verflogen, seine Stimmung auf dem Nullpunkt.

Er wußte jetzt, daß Grooten eingesperrt, vielleicht aber auch krank geworden war. Und die anderen Männer? Die wußten doch, daß er hier allein zurückgeblieben war! Jo begann wieder zu hoffen.

Dann fiel ihm ein, daß seine drei Freunde nur verabredet hatten, Thies solle Grooten benachrichtigen. Wenn Thies etwas passiert war, würde Jo also nicht abgeholt werden. Je länger er nachdachte, um so mehr war er überzeugt, Thies oder Grooten mußten verhaftet worden sein, möglicherweise sogar alle beide! Thies war im Untergrund sehr engagiert. Wenn der erst einmal bei den Deutschen Verdacht erregt hatte . . .

Seine Gedanken wurden immer düsterer. Ohne Feuer hatte er auch nichts zu essen. Da waren nur noch Linsen und Bohnen. Konnte man die auch roh verzehren? Wie sollte er ohne Ofen leben? Würde er in der Kälte erfrieren? Der Gedanke erschreckte ihn.

Der Sturm wurde draußen immer heftiger. In der Höhle wurde es noch kälter. Durch die Türritzen drang feiner Schnee.

Jo erinnerte sich an den Schneesturm vor einigen Jahren, als viele Dörfer von der Umwelt abgeschnitten und viele Menschen in ihren Häusern eingesperrt worden waren, weil der Schnee meterhoch vor den Türen gelegen hatte.

Wenn das nun wieder passierte! Wenn er hier einschneite! Dann würde er vor Hunger und Kälte sterben. Ganz allein.

Jetzt war Jo völlig verzweifelt. Er wollte, nein, er mußte hinaus. In ein Dorf. Zu Menschen.

Er stieß die Tür auf. Das ging schwer, denn der Wind stand direkt dagegen, und am Eingang hatte sich eine Schneewehe gebildet. Der Wind drang durch seine Kleider. Jo fühlte, wie die Kälte in seine Haut einschnitt. Er wußte, daß er so nicht hinaus durfte. Er mußte sich wärmer anziehen.

Schnell zog er seine Jacke aus. Über die Unterwäsche streifte er alles, was er noch an Hemden und Pullovern besaß. Die Taschenlampe, Henks Messer, einen Rest Wurst und eine Handvoll Erbsen stopfte er in seine Taschen. Eine Mütze besaß er nicht. Dafür zog er den leeren Rucksack über seinen Kopf. Dann stapfte er hinaus.

Der Wind wehte ihn beinahe um. Er mußte im Gegenwind einen Hang hinauf laufen, der so glatt war, daß er sich kaum auf den Beinen halten konnte. Auf allen vieren kriechend, kam er schließlich oben an. Er erinnerte sich, daß er zum Dorf nach einigen hundert Metern rechts abbiegen mußte. Gott sei Dank hatte er den Wind jetzt im Rücken. Obwohl er bei jedem Schritt in den Schnee einsank, fiel ihm das Laufen jetzt nicht mehr so schwer. Die Stelle, an der er abbiegen mußte, konnte er nicht finden. Auf gut Glück entschied er sich für einen Pfad, eine kaum sichtbare Vertiefung im Schnee.

Auf der Moorebene lag verhältnismäßig wenig Schnee, weil der Sturm die weißen Massen unaufhörlich vor sich herjagte. Nur im Windschatten der Torfhaufen bildeten sich große Schneewehen. Mit gespannter Aufmerksamkeit, um die kaum sichtbare Spur nicht zu verlieren, arbeitete Jo sich voran. Daß er nach etwa einem Kilometer wieder rechts abbiegen mußte, hatte er vergessen. Er geriet immer tiefer ins Moor. Bald merkte er, daß er sich hoffnungslos verlaufen hatte. Das war zu der Zeit, als Grooten die Höhle erreichte.

Jo blieb stehen. Er wußte nicht, was er machen sollte. Er überlegte, ob es nicht besser sei, zurückzugehen und zu versuchen, den Weg wiederzufinden. Den Plan gab er jedoch schnell auf. Er hatte nicht die Kraft, gegen den Sturm zu laufen. Er mußte weiter, mit dem Wind im Rücken. Irgendwann würde er schon in bewohnte Gegenden kommen!

Er ahnte nicht, daß er sich in einem nahezu unbewohnten Gebiet befand, das parallel zur deutschen Grenze verlief.

Er wußte auch nicht, daß er nach rechts hätte einbiegen müssen, um nach zwei Kilometern einige Häuser zu erreichen. Sehen konnte er sie in dem heftigen Schneetreiben nicht.

Immer schlechter kam er voran. Die Schneedecke wurde immer dicker, das Laufen immer mühsamer. Jo wurde müde. Nirgendwo konnte er rasten. Und sich einfach hinzusetzen, war lebensgefährlich.

Stolpernd und strauchelnd schleppte er sich weiter. Jeder Schritt kostete Mühe, aber er durfte nicht schlappmachen. Hier und da durchzogen Gräben das Moor, die einen halben Meter breit waren. Nur mit großer Anstrengung kam Jo hinüber. Er fühlte seine Füße und Finger nicht mehr, so durchkühlt waren sie.

Es begann bereits zu dämmern, als er immer noch voranstolperte. Wie lange er schon unterwegs war, wußte er nicht. Er meinte, zehn oder mehr Kilometer gegangen zu sein. In Wirklichkeit waren es kaum fünf.

Plötzlich tauchten auf der Moorfläche wieder Torfhaufen auf.

Jo konnte der Versuchung, im Windschatten auszuruhen, nicht widerstehen. Er zerrte ein paar Torfstücke aus einem Haufen heraus, um sich eine Art Sitzplatz zu schaffen.

Endlich eine Pause! Er holte eine Handvoll Linsen aus seiner Tasche und wollte sie essen. Aber seine Kinnladen waren steif vor Kälte und schmerzten so sehr, daß er sie kaum bewegen konnte. Enttäuscht spuckte er die Linsen aus. Dann versuchte er es mit der Wurst. Das ging ein bißchen besser, aber mehr als ein kleines Stück konnte er nicht kauen. Als er so dasaß, wurde ihm erst bewußt, wie müde er war. Wenn er nur schlafen könnte! Ein bißchen vor sich hindösen ... Jo schloß die Augen, schreckte aber gleich wieder auf. Er durfte nicht einschlafen! Er hatte einmal von Polarforschern gehört, die vor Müdigkeit eingeschlafen und dann erfroren waren.

Jo stand auf und stolperte weiter, immer weiter. Mittlerweile war es ganz dunkel geworden. Nichts war zu sehen, kein Haus in der Nähe. Jo hatte sich mit dem Gedanken abgefunden, die Nacht im Freien zubringen zu müssen. Er wußte, es könnte für ihn den Tod bedeuten, aber das kümmerte ihn nicht mehr. Ihn kümmerte überhaupt nichts mehr. Seine Füße bewegten sich automatisch. Klar denken konnte er nicht mehr.

Er wollte nur noch eins: schlafen, tief schlafen ...

Auf einmal spürte er, daß er nicht mehr allein war. Irgend etwas hatte er gehört. Er hatte keine Ahnung, was das sein konnte, aber ein fremdes Geräusch war außer dem Sturmbrausen zu hören gewesen. Jo blieb stehen, schob den Rucksack zurück, so daß die Ohren frei waren. Für Sekunden hörte er nur das Lärmen des Windes, dann ein Bellen.

Enttäuschung überfiel ihn. Er hatte gehofft, auf Menschen zu stoßen. Dann fiel ihm ein: Wo Hunde bellten, mußten auch Menschen sein! Wenn der Hund noch einmal anschlagen würde, könnte er dem Geräusch nachgehen.

Er hörte nichts mehr und versuchte zu pfeifen. Aber seine Lippen waren so kalt, daß er nur ein leises Zischen hervorbrachte. Also rief er.

Das half. Der Hund schlug wieder an. Jo stolperte, ab und zu schreiend, auf das Bellen zu. Vor Müdigkeit konnte er kaum ein Bein vor das andere setzen. Nach ein paar Schritten strauchelte er und fiel hin. Er hatte nicht mehr die Kraft, wieder aufzustehen. Reglos blieb er liegen.

Aber er mußte weiter, wie auch immer. Fünfzig Meter entfernt glaubte er einen Torfhaufen zu erkennen. Wenn er dort rasten könnte . . .

Auf allen vieren kroch er in die Richtung. Es gelang ihm, sich in den Windschatten zu schleppen. Er ließ sich in den zusammengewehten Schnee fallen und verlor das Bewußtsein.

20

Tief im Moor, ein paar hundert Meter von der deutschen Grenze entfernt, stand eine ärmliche Hütte, die das Ehepaar Kürbelmann bewohnte.

Woher die Leute gekommen waren, wußte kein Mensch. Wahrscheinlich irgendwo aus Deutschland. Ein paar Jahre vor Kriegsausbruch hatten die Eheleute die als baufällig erklärte Hütte vom Mooreigentümer gekauft. Sie konnten dort wohnen, solange sie lebten. Nach ihrem Tod sollte die Hütte wieder an den Eigentümer fallen.

Die Kürbelmanns durften eine große Fläche rings um die Hütte als Garten benutzen, sie durften auch Torf zum eigenen Verbrauch stechen.

Aus dem Einwohnerregister ging hervor, daß der Mann Heinrich Kürbelmann hieß, 63 Jahre alt war und in Alt Picardie, einem kleinen Ort jenseits der Grenze, geboren war.

Die Frau war eine Westfriesin. Ihr Mädchenname war Frauke Eisinga, und sie war in der Gegend von Dokkum geboren. Das wußten aber nur die Gemeindebeamten. Ihnen war auch bekannt, daß der Mann noch immer die deutsche Staatsangehörigkeit besaß.

Kürbelmann war ein kurzer, stämmiger Mann mit einem Stiernacken. Er trug einen enormen Schnurr- und Vollbart und hatte hellblaue, wäßrige Augen. Im Sommer setzte er immer eine Baskenmütze auf, die er tief in die Stirn zog, und im Winter eine Mütze aus Ziegenfell, die offensichtlich selbstgemacht war. Sein merkwürdiges Aussehen hatte ihm den Spitznamen Robinson Crusoe eingebracht. Tatsächlich sah er, besonders im Winter, dieser historischen Figur verblüffend ähnlich.

Seine Frau war ein Stück größer als er. Sie war sehr mager und lief gebückt umher. Ihr graues Haar hing in Strähnen herab. Der zahnlose Mund und das scharfe Kinn erinnerten an die Hexe aus „Hänsel und Gretel", so daß sie bald „Moorhexe" genannt wurde. Den Familiennamen der Kürbelmanns kannten die Dorfleute gar nicht. Fremden, die sich nach Kürbelmanns erkundigen würden, hätte man schulterzuckend erklärt, daß niemand dieses Namens in der Gegend wohne. Dabei hätte jedes Kind den Weg zu ihrer Hütte zeigen können, wäre es nach „Robinson" gefragt worden.

Der Mann kam niemals ins Dorf, die Frau nur, wenn sie die Lebensmittelmarken abholen mußte. Dann ging sie anschließend zum Krämer und kaufte das Nötigste ein. Sie verbrauchte ihre Marken nicht. Nur Margarine und Tabak kaufte sie regelmäßig. Den Rest der Lebensmittelmarken gab sie meistens dem Kaufmann und sagte trotzig: „Wenn Sie wollen, können Sie die Sachen den Leuten geben, die sie dringender als wir brauchen." Sie bezahlte immer sofort. Wie sie aber an das Geld kam, wußte niemand. Es wurde gemunkelt, der Mann sei ein Wilderer. Beweisen konnte man ihm aber nichts.

Robinson und die Moorhexe mieden die Menschen; und die Menschen mieden sie, besonders im Kriege, denn Robinson war und blieb ein Deutscher. Damit galt er als nicht vertrauenswürdig. Übrigens war auch bekannt, daß er nationalsozialistisch gesinnt war.

Das Ehepaar brauchte nicht viel zum Leben. Auf dem Gelände

standen ein paar Käfige herum, in denen Hühner gehalten wurden. Außerdem hatten sie ein paar Ziegen und Schweine.

Wenn auf dem Moorboden auch nicht viel wuchs, gab es für sie doch ausreichend Korn, Kartoffeln und Bohnen zu essen.

Robinson hatte zwar die Hütte renoviert, sehr solide sah sie aber immer noch nicht aus.

Es war darum auch kein Wunder, daß die Moorhexe sorgenvoll dem lärmenden Sturm lauschte. Vor einer Stunde hatte es so ausgesehen, als beruhige sich der Wind, aber bei Einbruch der Dunkelheit war er wieder viel stärker geworden. Im Schornstein bullerte es, und im nicht allzu festen Hinterhaus fegte der Sturm den feinen Pulverschnee durch die Ritzen und Löcher.

Die Frau saß an einem wackeligen Tisch beim Schein einer Petroleumlampe und pulte Bohnen. Mit geschickten Handbewegungen brach sie die Hülsen auf und ließ die Bohnen in eine Schüssel fallen, die Schoten auf den Fußboden.

Robinson war mit einer Aalreuse beschäftigt. Die Eheleute saßen sich wortlos gegenüber. Es war das Schweigen zweier Menschen, die sich nach vielen Jahren nichts mehr zu sagen brauchen, um sich zu verstehen.

Draußen bellte der Hund. „Banko will sicher ins Haus“, sagte die Frau. Der Mann antwortete nicht. Wieder schlug der Hund an. „Laß ihn herein“, bat die Frau.

„Jau, jau“, sagte der Mann in einem niederländisch-deutschen Sprachengemisch. „Ich höre es doch. Gleich.“

Noch ein paar Stiche am Netz, dann hängte er es an einen eisernen Ring und stand auf, um den Hund hereinzuholen. Das Tier wollte aber nicht ins Haus.

„Na“, sagte Robinson überrascht, „was soll das denn heißen? Gefällt dir das Wetter so gut? Komm, Banko!“

Doch der Hund gehorchte nicht. Im Gegenteil. Laut bellend lief er fort, direkt in das Schneetreiben hinein. Kürbelmann war ratlos.

„Banko“, schrie er, „hierher!“ Der Hund reagierte nicht. Robinson hörte ihn beim Ziegenstall bellen. Jetzt wurde er unruhig.

„Da stimmt was nicht“, murmelte er und lief hinaus. Der Wind pfiff durch seine Kleider, außerdem war es stockdunkel. Robinson ging ins Haus zurück, zog sich seine Jacke an und holte eine Sturmlaterne.

„Was ist denn?“ fragte die Frau.

„Ich weiß nicht, aber Banko kommt nicht zurück. Er ist beim Ziegenstall. Ich seh mal nach.“

„Warte, ich gehe mit!“ Die Frau schlug ein Tuch um ihre Schultern. Zusammen liefen sie zum Stall.

Kälte und Schnee nahmen ihnen beinahe den Atem. Der Hund bellte nun nicht mehr. Sie fanden ihn an der windabgewandten Seite des Stalles. Er stand mit erhobener Vorderpfote vor einem Schneehaufen.

„Ach so“, lachte Robinson, „er hat Witterung bekommen! Vielleicht ein Wiesel oder so was. Aber heute wird nicht gejagt, Banko, komm!“

Der Jagdhund blieb stehen und steckte die Schnauze tief in den Schnee.

„Banko, hierher, bei Fuß!“ befahl Robinson wieder. Banko winselte leise und begann im Schnee zu wühlen.

„Was ist denn bloß los?“ brummte Kürbelmann und steckte den Arm in den Schnee. Mit einem Schreckensschrei zog er ihn wieder zurück.

„Ein Mensch!“ stammelte er. „Da liegt ein Mensch!“

Sofort begann er den Körper auszugraben. Seine Frau leuchtete ihm mit der Sturmlaterne. In kurzer Zeit war der Körper frei.

„Tatsächlich – ein Mensch, ein Junge“, stammelte Robinson.

„Ist er tot?“ fragte die Frau leise.

„Ich weiß nicht. Vielleicht.“ Dann hob er Jo auf und trug ihn im Schein der Laterne zum Haus.

„Mach die Tür auf“, sagte er.

„Nein“, protestierte die Moorhexe, „noch nicht ins Haus. Der Junge hat vielleicht Erfrierungen. Wenn er noch lebt und wir ihn gleich in die Wärme bringen, stirbt er bestimmt.“

„Wohin denn sonst?“ fragte der Mann hilflos.

„Bring ihn ins Hinterhaus, da ist es kalt. Ich werde ihn ausziehen und mit Schnee einreiben. Das muß man bei erfrorenen Menschen tun!"

Sie legten Jo auf einen alten Tisch und begannen ihn auszuziehen. Das war gar nicht so einfach, denn seine Kleidung war auch steifgefroren.

Die Frau stellte fest, daß Jos Herz noch schlug. „Schnell, hol einen Eimer voll Schnee!" befahl sie ihrem Mann.

Als er zurückkam, lag Jo splitternackt auf dem Tisch.

Frau Kürbelmann rieb ihn, so fest sie konnte, mit Schnee ein. Bald stand ihr der Schweiß auf der Stirn. Jo war noch immer bewußtlos, aber sein Herz schlug schon kräftiger als vorher. Die Moorhexe wickelte Jo in eine dicke Decke.

„Und nun?" fragte Robinson.

„Bring ihn ins Zimmer. Er muß ganz langsam wieder warm werden, deshalb leg ihn so weit wie möglich vom Ofen weg."

Aus drei Stühlen bereiteten sie eine Lagerstätte für Jo. Langsam, ganz langsam, stieg seine Körpertemperatur an. Der Herzschlag wurde immer kräftiger, doch er blieb bewußtlos. Es wurde später und später . . . Der Sturm tobte weiter, der Schnee fiel – Jo merkte von allem nichts.

Gegen ein Uhr nachts war seine Temperatur so weit angestiegen, daß die Frau es wagte, ihn näher an den Ofen zu legen. Noch ein paar Stunden blieb das Ehepaar neben ihm sitzen. Dann sagte der Mann: „Der Junge erholt sich. Wir gehen jetzt ins Bett!"

„Leg du dich ruhig hin, ich bleibe bei dem Jungen. Man kann nicht wissen, was noch passieren wird", antwortete die Frau.

Da blieb auch Robinson auf. Sie saßen schweigend da und blickten auf den Jungen. Es ging auf fünf Uhr, als Kürbelmann vorschlug, ihm einen stärkenden Trank einzuflößen.

Davon wollte seine Frau aber nichts wissen. „Er könnte sich verschlucken, und das ist lebensgefährlich."

Der Mann legte sich hin. Er konnte doch nicht helfen. Die nächsten Stunden wachte die Moorhexe allein bei Jo. Auch am nächsten Tage wich sie nicht von seiner Seite.

Jo merkte nichts. Noch immer war er bewußtlos.

Am dritten Tag war sein Zustand unverändert. Die Frau überließ es ihrem Mann, für das Essen und das Vieh zu sorgen. Sie wachte über Jo. Tag und Nacht saß sie in ihrem alten Lehnstuhl neben seinem Lager, beobachtete ihn, und als er sich einmal bewegte und stöhnte, streichelte sie seine Hand.

Aus ein paar Brettern zimmerte Robinson eine Ruhebank, auf der Jo etwas bequemer liegen konnte. Einen anderen Schlafplatz konnten ihm die beiden nicht bieten.

In der vierten Nacht wurde Jo unruhig. Sein Gesicht, das bis jetzt totenbleich gewesen war, wurde hochrot, seine Augen standen weit offen und glänzten fiebrig. Er erkannte aber nichts.

Gegen Morgen begann er zu phantasieren. Fortwährend rief er nach seinen Eltern, nach Mutter Grooten, nach Frau Berends. Manchmal schlug er um sich, und dann hatte die Moorhexe große Mühe, ihn auf dem Lager und unter der Decke zu halten. Dann wieder führte er Gespräche mit einem, der Henk hieß, im nächsten Augenblick schimpfte er mit einem „Willem".

Am Abend wurde er ruhiger, redete aber weiter wirres Zeug. Auf einmal sagte er ganz deutlich: „Ich will weg, weit weg. Irgendwohin, wo kein Mensch weiß, daß ich ein Jude bin!"

Wie von einer Wespe gestochen, fuhr Robinson hoch. „Aber – was denn, der Junge ist ein Jude?"

„Es scheint so. Was macht das?"

„Was das macht?" rief Kürbelmann. „Das ist doch klar! Der Junge muß eingesperrt werden. Wir dürfen keine Juden verstekken, das weißt du ganz genau. Der Führer..."

„Geh zum Teufel mit deinem Führer! Hier ist ein kranker Junge. Ob das nun ein Jude, ein Neger, ein Katholik oder ein reformierter Junge ist, das ist mir egal. Er ist und bleibt hier, bis es ihm besser geht. Was dann wird, muß er selbst entscheiden."

Verzweifelt hob Robinson beide Arme hoch. Daß eine Frau, seine eigene Frau sogar, so über Hitler zu sprechen wagte, ging über seinen Verstand.

„Aber... aber... morgen früh..."

„Was willst du morgen früh?“ fiel sie ihm wieder ins Wort. „Die Polizei vielleicht benachrichtigen? Laß dir sagen, das kommt überhaupt nicht in Frage. Der Junge ist und bleibt hier.“

Robinson murrte noch eine ganze Weile, aber zur Polizei ging er nicht.

Die Tage schlichen dahin. Jo magerte sehr ab, denn er konnte noch nichts essen. Manchmal versuchte die Moorhexe, ihm Ziegenmilch einzuflößen. Jo konnte aber nichts schlucken. Erst nach sechs Tagen wurde er ruhiger und phantasierte seltener. Von seiner Umgebung nahm er aber immer noch keine Notiz.

Die ganze Zeit kam die Frau nicht aus ihren Kleidern. Zuweilen nickte sie auf ihrem Stuhl ein. Wenn Jo sich jedoch bewegte, stand sie wieder neben seiner Bank. Sie hätte gern einen Arzt geholt, konnte das aber nicht, weil sie Jo nicht alleine lassen wollte. Ihren Mann wollte sie nicht schicken. Er wäre zu einem deutschen Arzt gegangen, der in ihrer Nähe wohnte. Wenn der aber erfuhr, daß Jo ein Jude war, wären die Folgen nicht abzusehen. Sie konnten nur abwarten und den Jungen gesundpflegen. Sie hatte seine Kleidung getrocknet und durchgesehen. Aber sie hatte nichts über seine Herkunft erfahren. Kein Stückchen Papier, keinen sonstigen Hinweis hatte sie gefunden.

Die Moorhexe machte sich ernsthafte Sorgen. Wenn der Junge stürbe, würde er als Namenloser begraben werden – und irgendwo wäre eine Mutter, die vergeblich auf seine Rückkehr wartete.

Aber Jo starb nicht. Am Tag darauf fiel er gegen Abend in einen tiefen Schlaf. Der Husten hörte auf, sein Atem und sein Puls gingen regelmäßig. Erst spät am folgenden Tag wachte er auf.

Er wußte nicht, wo er war. Erst glaubte er zu träumen. In seiner Erinnerung spürte er noch große Kälte, heftiges Schneetreiben und unendliche Müdigkeit.

Müde war er immer noch, doch von Schnee merkte er nichts mehr. Im Gegenteil, es war gemütlich warm.

Langsam wurde ihm bewußt, daß er nicht träumte, sondern wirklich in Decken gewickelt auf einer Bank lag. Eine Weile starrte er noch an die Stubendecke, dann drehte er mit einiger

Mühe seinen Kopf. Zuerst glaubte er, wieder in der Höhle zu sein, doch bald merkte er, daß der Raum viel größer war.

Jo ließ seine Augen durch das Zimmer wandern. An einer Wand hing ein altes Jagdgewehr. An einer anderen standen ein paar alte Stühle und zwischen zwei Fenstern, an deren Scheiben Eisblumen wuchsen, ein alter Kachelofen ... Und dann fiel sein Blick auf eine schlafende Frau in einem Lehnstuhl.

Jo erschrak. So etwas Abstoßendes hatte er noch nie gesehen. Sie hatte ihren Kopf hintenübergelegt, so daß er von der Rücklehne gestützt wurde. Ihr grauweißes Haar hing in Strähnen herab, der zahnlose Mund war weit geöffnet. Die Frau schnarchte leise, und manchmal bewegte sich ihr Haar beim Ausatmen wie Wollgras im Wind. Sie hatte ihre Hände in den Schoß gelegt, und Jo konnte schwarze Ränder unter ihren Fingernägeln erkennen. Ihre Kleider waren schäbig und ungepflegt wie ihr Haar. Die Füße steckten in grauen Wollsocken und ruhten auf einem alten Stövchen, neben dem ein Paar große Pantoffeln standen.

Alles war so abscheulich anzusehen, daß Jo vor Entsetzen seinen Kopf abwandte. Die schnelle Bewegung bereitete ihm Schmerzen, und er stöhnte unwillkürlich auf. Sofort erhob sich die Frau, und Jo, der seine Augen geschlossen hielt, hörte, daß sie aufstand und sich über ihn beugte.

„Wie geht's denn? Bist du wach?"

Zu seiner Überraschung klang ihre Stimme hell und freundlich. Jo öffnete die Augen, und gleich war seine Angst verschwunden. Er sah in ein Paar glänzende, hellgraue Augen, die ihn fröhlich anblickten.

„Bist du wach?"

Jo nickte langsam. „Durst", flüsterte er.

„Gut. Ich mache dir gleich etwas zu trinken. Oder möchtest du erst lieber einen Schluck Wasser?"

„Ja", antwortete Jo.

„Das habe ich mir gedacht. Du mußt ja beinahe ausgetrocknet sein; du hast tagelang nicht getrunken."

Während sie sprach, hatte sie aus einem Eimer einen Becher

Wasser geschöpft, aber Jo konnte nicht trinken. Er konnte sich einfach nicht aufrichten. Die Frau schob ihren rechten Arm unter seine Schultern und half ihm in eine halb sitzende Stellung. Mit der linken Hand hielt sie ihm den Becher an die Lippen. Jo trank gierig.

So viel, wie er mochte, bekam er aber nicht. Nach ein paar Schlucken entzog sie ihm den Becher. „Nicht gleich so viel, sonst wird es zu kalt in deinem Bauch! Ich mache noch etwas anderes für dich."

Sie setzte einen Topf Milch auf den Herd. Als die Milch kochte, gab sie etwas Wasser hinzu. „Du verträgst noch keine unverdünnte Milch! Es ist Ziegenmilch, und die ist besonders fett. Wir lassen es langsam angehen. Wenn es dir jetzt bessergeht, soll es auch so bleiben, meinst du nicht auch?"

Jo lächelte schwach und nickte. Unterstützt durch die Frau trank er seinen Becher bis auf den letzten Tropfen leer und hätte gerne noch mehr gehabt.

Doch sie winkte ab. „In einer Stunde kriegst du wieder was. Das bekommt am besten."

„Wie bin ich hierhergekommen?" flüsterte Jo.

„Das erzähle ich dir, wenn du wieder ein bißchen bei Kräften bist", lachte die Moorhexe. „Hier bist du sicher, das muß dir vorerst reichen. Und nun schlaf mal wieder."

Jo war das nur recht, denn er war schon wieder ziemlich müde geworden. Er schlief auch gleich ein.

Eine Stunde später kam Robinson nach Hause. „Na?" fragte er und zeigte dabei auf Jo.

„Er ist bei Bewußtsein", flüsterte sie, „aber er ist noch sehr schwach."

„Wie heißt er, und woher kommt er?"

„Hör mal zu! Wie stellst du dir das vor, soll ich einen Kranken, der nach Tagen aufwacht, alles auf einmal fragen?"

„Nein, das geht wohl nicht", murmelte Robinson, „aber er ist doch ein Jude. Und Hitler ..."

„Dein Führer ... Hör mir auf mit dem!" unterbrach ihn seine

Frau. „Ich habe gesagt, er ist mein Patient, und das bleibt er auch, bis er wieder gesund ist. Mit der Zeit werden deine Deutschen auch leisere Töne anschlagen. Ich glaube, die Engländer, die Amerikaner und vielleicht auch die Russen werden bald in deutsche Städte einmarschieren."

Der Mann schwieg bestürzt. Seine Frau sprach genau das aus, was er im tiefsten Herzen befürchtete, aber nicht zu äußern wagte. Wenn er als Deutscher auch in den Niederlanden wohnte, Zweifel an Hitlers Befehlen und am Ausgang des Krieges blieben eine Todsünde. Wenn er nur daran dachte, fühlte er sich schon als Landesverräter.

Im Grunde war Kürbelmann kein schlechter Mensch. Die Propaganda, das unaufhörliche Einhämmern, daß es den Deutschen zustünde, über Europa zu herrschen, hatte auch ihn, wie die meisten Deutschen, beeinflußt. Der Führer hatte gesagt, die Juden seien eine minderwertige Rasse, ihnen dürfe kein Obdach und keine Hilfe zuteil werden. Also mußte der Judenjunge so schnell wie möglich den Deutschen übergeben werden...

Am nächsten Tag kam Kürbelmann nach Hause, als Jo wach war. Der Junge erschrak heftig, als er den Mann sah, der obendrein noch deutsch sprach. Wenn Kürbelmann auch vorgehabt hatte, Jo auszufragen, so genügte ein Blick auf dessen eingefallenes Gesicht, um ihn davon abzuhalten.

Kürbelmann wurde hin und her gerissen. Auf der einen Seite war da der Führer, der behauptete, Juden, also auch Judenkinder, seien Volksfeinde – auf der anderen Seite der kranke Junge, der so rührend dankbar war für alles, was für ihn getan wurde. Konnte so ein Kind wirklich ein Feind, ein gefährlicher Mensch sein?

Langsam erholte sich Jo. Nach einer weiteren Woche bat er, seine Unterwäsche wieder anziehen zu dürfen, und glaubte, gleich aufstehen zu können. Das klappte aber nicht. Er bekam seine Arme nicht hoch, als er sein Hemd anziehen wollte, und mit der Hose ging es schon gar nicht. Die Frau half ihm.

„Jetzt wirst du auch schon etwas Handfesteres als Ziegenmilch vertragen können", meinte die Frau. Bis zu diesem Tage hatte sie es nicht gewagt, seine Nahrung umzustellen. „Wie wäre es mit einer Tasse Fleischbrühe? Hühnerbrühe?“

„Oh, gern!“ rief Jo.

Es schmeckte phantastisch. Er glaubte, noch nie etwas Besseres probiert zu haben. Sein Erstaunen wurde immer größer. Wie war es möglich, daß so eine schlampige Frau ihn wie eine Mutter versorgte und verhätschelte?

„Wenn dir die Bouillon gut bekommt, darfst du morgen ein Stück Huhn essen“, sagte die Frau.

„Huhn? Mmmh . . . lecker! Ich wollte, es wäre schon morgen. Ich habe einen Bärenhunger.“

„Das ist ein gutes Zeichen“, sagte die Moorhexe erfreut. „Mein Mann hat ein Huhn geschlachtet, und wenn ich dir jetzt ein Stückchen Leber gebe, schadet dir das bestimmt nicht. Leber ist verträglich und auch gut gegen Blutarmut.“

„Woher wissen Sie das so genau?“

Die Frau lächelte traurig. „In meiner Jugend bin ich Krankenpflegerin in Leeuwarden gewesen. Vielleicht hätte ich dabei bleiben sollen.“

Jo fragte nicht weiter. Er spürte, diese Frau hatte es in ihrem Leben nicht leicht gehabt.

Die Leber schmeckte ihm prächtig. Nach dem Essen wollte er wissen, wo er sich eigentlich befand und wie er hergekommen war. Bis jetzt hatte ihm die Frau davon nichts erzählt, aus Angst, ihn in seinem erschöpften Zustand zu sehr anzustrengen. Jetzt war sie dazu bereit.

„Banko hat dich gefunden. Vor ein paar Wochen, bei dem Schneesturm. Du lagst beim Ziegenstall. Du warst ganz eingeschneit, und viel später hätten wir nicht kommen dürfen.“

„Vor ein paar Wochen? Bin ich denn schon so lange hier? Davon weiß ich gar nichts.“

„Das ist kein Wunder. Du warst länger als eine Woche bewußtlos. Du hattest hohes Fieber und hast viel phantasiert.“

„Was habe ich denn gesagt?“ fragte Jo beunruhigt.

„Eine ganze Menge. Wir haben nicht alles verstanden. Mein

Mann schon gar nicht, weil er unsere Sprache nicht so gut versteht. Wir wissen aber, daß du ein Jude bist und vor den Deutschen fliehen mußtest. Du hast dauernd von einem Berends, von Mutter Grooten, einem Herrn van Buren und einem Henk geredet. Auch noch andere Namen hast du genannt. Oft sprachst du von einer Höhle. Darauf habe ich mir keinen Reim machen können."

Einen Augenblick zögerte Jo. Durfte er dieser Frau alles erzählen? Brachte er damit andere Menschen in Gefahr? Er hatte gelernt, so wenig wie möglich zu sagen. Aber wäre es bei ihr, die ihn wie einen Sohn behandelte, nicht falsch, etwas zu verschweigen? Jo beschloß, ihr alles zu erzählen.

Die Moorhexe war tief erschüttert, als sie hörte, was er durchgemacht hatte.

„Zu guter Letzt habe ich doch noch Glück gehabt", schloß Jo seinen Bericht. „Ich weiß nicht, wie ich es sagen soll, ich meine..."

„Sag nichts mehr. Ich weiß, was du meinst. Ich hoffe es, obwohl..." Nachdenklich betrachtete sie die armselige Kammer. Konnte sie diesem Jungen, diesem Kind, von ihren Schwierigkeiten erzählen, ihrem Verdruß, ihren Sorgen?

Besser, wenn Jo alles wüßte, dann könnte er vieles verstehen.

„Und jetzt muß ich dir etwas sagen, Jo. Mein Mann, du weißt es, ist ein Deutscher. Damals, als ich ihn kennenlernte, war er ein lustiger Kerl, er trank nur manchmal zuviel. Aber ich habe mir eingeredet, das gäbe sich, wenn wir erst einmal verheiratet wären. Meine Eltern waren gegen die Heirat, ich habe mich aber durchgesetzt. Zuerst ging auch alles gut. Wir wohnten auf einem kleinen Bauernhof ein Stückchen jenseits der Grenze. Es war eine harte Arbeit, aber wir hatten unser Auskommen. Dann wurde unser Sohn geboren, und wir waren sehr glücklich. Als unser Wilhelm acht Jahre alt war, brach er im Eis ein. Er...", die Frau schluchzte, „er ist ertrunken. Das war ein entsetzlicher Schlag. Mein Mann hat das nicht verkraftet. Er begann wieder zu trinken. Ich mußte den Hof allein führen. Er tat gar nichts mehr. Zu allem Unglück kam dann Adolf Hitler an die Macht. Mein Mann ging in die Partei und wurde ein fanatischer Nationalsozialist. Wie Millionen anderer Deutscher glaubte er daran, daß Hitler für Deutschland der richtige Führer wäre. Ich ahnte aber bald, daß Hitler ein Verbrecher ist. Die Verfolgung der Juden und Kommunisten, die zu Tausenden verhaftet wurden, war mir Beweis genug. Mein Mann wollte das nicht einsehen."

Die Frau machte eine Pause und fuhr dann fort: „Inzwischen war der Hof heruntergewirtschaftet. Zu meiner Schande muß ich gestehen, wir verschlampten auch. Allein kam ich nicht dagegen an. Mich kümmerte es auch nicht mehr, was mit uns passierte. Nicht nur das Land wurde vernachlässigt, auch unser Haus. Stets ging es weiter abwärts mit uns. Schließlich überredete ich meinen Mann, alles zu verkaufen. Als wir unsere Schulden bezahlt hatten, war noch genau so viel übrig, daß wir diese Hütte kaufen konnten. Ich hoffte, daß mein Mann hier in der Einsamkeit kaum noch Gelegenheit zum Trinken hätte. Und ich habe recht behalten. Er trinkt nicht mehr viel. Aber er glaubt immer noch felsenfest daran, daß Deutschland den Krieg gewinnt. Er denkt auch, Hitler meint es mit allen Menschen, auch mit den Juden, gut. Wenn ich ihm erzähle, daß die Juden nach Polen gebracht werden, glaubt er mir das einfach nicht. Du mußt nicht erschrecken, Jo. Als er merkte, daß du ein Jude bist, fiel er aus allen Wolken. Als Deutscher dürfte er keinem von euch Obdach gewähren, behauptete er und wollte der deutschen Polizei tatsächlich melden, daß du hier bist. Ich konnte ihn aber davon abhalten. Er meint jedoch immer noch, daß er dich anzeigen muß, sobald es dir besser geht. Er hat gegen dich gar nichts. Im Gegenteil, er würde sein Letztes geben, etwas für dich tun zu können. Aber er gehorcht nun einmal jedem Befehl. Und weil Hitler befohlen hat, daß Juden angezeigt werden müssen, hält er sich daran. Ich bin sicher, wüßte er, was mit den Juden passiert, er dächte nicht daran, dich zu melden. In Wirklichkeit ist er nämlich ein guter Mensch. Solange es dir nicht besser geht, bist du hier sicher." Sie schwieg. „Ich hoffe es wenigstens", fügte sie seufzend hinzu.

„Und wenn es mir bessergeht?"

„Dann ist der Krieg vielleicht schon vorbei. Jedenfalls werden wir ihn recht lange in dem Glauben lassen, daß es dir nicht gut geht, auch, wenn du schon gesund bist. Wenn es gar nicht mehr geht, sorge ich dafür, daß du rechtzeitig fortkommst. Bitte, Jo, halte meinen Mann nicht für einen Verräter. Er ist, wie Millionen Deutscher, ein Verblendeter in seinem Hitlerwahn."

Jo sagte nichts. Er lag mit geschlossenen Augen da. Er war so still, daß es die Frau ängstigte. Sie beugte sich besorgt über ihn. „Was ist los", fragte sie leise, „ist dir nicht gut?"

„Doch, aber . . . wenn nun Ihr Mann . . . es nicht gut findet, daß ich hier bin . . ., dann will ich weg. Ich will nicht, daß Sie vielleicht meinetwegen . . ." Er schwieg betroffen. Er fand keine Worte dafür, daß er ihr keine Schwierigkeiten machen wollte.

Sie schien seine Gedanken zu erraten. „Ich verstehe dich. Mach dir darüber keine Sorgen. Aber ich habe auch noch ein Wörtchen mitzureden! Wenn es darauf ankommt, setze ich mich schon durch. Wir müssen ihm ein bißchen Zeit lassen, dann kommt alles in Ordnung." Sie lauschte hinaus und flüsterte: „Da kommt er."

Aus dem Hinterhaus hörte man Schritte. Robinson klopfte sich den Schnee von den Stiefeln. Die Tür ging auf, und Banko stürmte herein. Ihm folgte sein Herr. Er war in guter Stimmung, aufgeweckt, fast ausgelassen.

„Guten Morgen, guten Morgen!" begrüßte er die beiden. „Ich habe gute Nachrichten! Frau Kürbelmann, ich weiß es ganz sicher, in zwei, drei Wochen ist der Krieg vorbei, Schluß, aus!"

„Was sagst du da? Ist das wirklich wahr? Wird Deutschland endlich kapitulieren?"

„Was?" fragte Robinson verärgert. „Kapitulieren? Niemals wird Deutschland aufgeben! Nein, nein. In drei Wochen haben wir gesiegt! Der Führer hat in Belgien einen großen Angriff begonnen. Der Feind flieht. In drei Wochen haben wir die Alliierten ins Meer gejagt, und der Krieg ist vorüber!"

Robinson hatte teilweise recht. Hitler hatte wirklich noch einmal eine große Armee mit ungeheuer viel Material zusammengezogen und die Ardennenoffensive begonnen. Zuerst hatte er auch Glück. In jenen Tagen war es so neblig, daß die Flugzeuge der Alliierten nicht starten konnten. Die Bodentruppen waren den Deutschen unterlegen. Sie mußten tatsächlich zurückgezogen werden. Eine Heeresgruppe wurde sogar eingekesselt. Aber die Alliierten hielten durch, das Wetter besserte sich, und Ende Januar waren die Truppen wieder in den Stellungen, in denen sie zu Beginn der Schlacht gewesen waren. Das Unternehmen hatte Hitler fünfzigtausend Tote und ebenso viele Verwundete und Kriegsgefangene gekostet.

Aber das wurde im deutschen Rundfunk nicht gemeldet. Bis zuletzt behauptete die Propaganda, daß die deutsche Armee unbesiegt wäre. Regelmäßig wurden Sondermeldungen über Siege gebracht. Diese Nachrichten hatte Robinson, der nach Wochen zum ersten Male wieder über die Grenze nach Deutschland gegangen war, gehört. So konnte es passieren, daß er über Siege jubelte, während die deutschen Truppen schon längst auf dem Rückmarsch waren.

Die Moorhexe nahm das Gerede ihres Mannes nicht ernst. „Ach was! Das ist bestimmt wieder so ein Märchen. Ich habe in den letzten Jahren immer von deutschen Siegen gehört. Inzwischen siegen aber die Engländer, die Amerikaner und die Russen. Ich glaube gar nichts mehr."

Jo hatte nicht alles verstanden, aber er begriff, daß es für die Deutschen wieder besser stand. Das bedeutete, daß es für die Niederländer und für die Juden wieder schlechter stand und seine Chance, den Krieg zu überleben, kleiner geworden war. Er wollte sich beherrschen, konnte aber nicht verhindern, daß ihm die Tränen über die Wangen liefen.

Merkwürdig – Robinson bemerkte Jos Verzweiflung zuerst. Ganz leise sagte er: „Wein doch nicht, Junge. Du brauchst doch keine Angst zu haben. Wenn der Krieg vorbei ist, wird der Führer für alle Menschen, auch für dich, sorgen. Und ..."

In diesem Augenblick wurde an die Tür geklopft. Das war in der Hütte ein so unbekanntes Geräusch, daß keiner der drei reagierte.

Wieder klopfte es, und zugleich ging die Tür auf. Zwei deutsche

Soldaten der Feldgendarmerie traten ein. An den Schulterriemen hingen Gewehre.

Die Spannung im Zimmer wurde unerträglich. Robinson starrte die Soldaten an, als wären sie Erscheinungen aus einer anderen Welt. Die Moorhexe betrachtete ihren Mann mit einer Mischung aus Mißachtung, Enttäuschung und Haß. Bestimmt dachte sie, ihr Mann habe, trotz seines Versprechens, Jo verraten. Der Junge sah mit einem verzweifelten Blick zur Frau hinüber. Er war auch überzeugt, daß nun alles aus sei.

Zum Glück bemerkten die Deutschen die Spannung im Raum nicht. Sie schlugen die Hacken zusammen, hoben den rechten Arm und riefen: „Heil Hitler!"

Diese Worte holten Robinson in die Wirklichkeit zurück. Er nahm Haltung an, hob den rechten Arm und stieß den Hitlergruß so überzeugend aus, daß die Deutschen ihn überrascht ansahen. Das war ihnen in den Niederlanden noch nicht passiert.

„Entschuldigung", begann der ältere, „wir möchten wissen, wie viele Menschen in diesem Haus wohnen."

Die Moorhexe, die die Frage natürlich gut verstanden hatte, sah ihren Mann äußerst gespannt an. Würde er jetzt ..."

„Drei Menschen", antwortete Robinson spontan, „meine Frau, ich und ...", die Frau preßte ihre Hände fest ineinander, daß die Knöchel weiß hervortraten, „dieser Junge!"

Der Frau fiel ein Stein vom Herzen.

„Sie sind ein Landsmann?" fragte der andere Soldat.

„Jawohl", antwortete Robinson stolz, „ich gehöre zum Großdeutschen Reich."

Der Bann war gebrochen. Robinson erzählte begeistert, daß er den ersten Weltkrieg als Frontsoldat mitgemacht und an der Schlacht von Verdun teilgenommen hatte. Im sonst so armseligen Zimmer war es gemütlich warm, während draußen bittere Kälte herrschte. Von der entsetzlichen Spannung, unter der die Frau und der Junge litten, merkten die Deutschen nichts. An Verrat durch ihren Mann glaubte die Moorhexe nicht mehr. Doch ein unvorsichtiges Wort konnte für Jo die Katastrophe bedeuten.

Schließlich rückten die Soldaten mit ihrem eigentlichen Auftrag heraus. Ein paar Kameraden waren desertiert, wahrscheinlich waren sie in der Nähe über die Grenze gegangen. Die Feldgendarmen sollten sie nun aufspüren. Robinson hatte niemanden gesehen, seine Frau auch nicht, also mußten die beiden Männer schließlich unverrichteter Dinge weiter. Sie verabschiedeten sich. An der Tür drehte sich der ältere noch einmal um. „Sie sagten vorhin, daß hier drei Personen wohnen. Ist der Junge Ihr Sohn?"

Sofort war die Spannung wieder da. Robinson hatte nicht gesagt, daß Jo zur Familie gehörte. Aber gelogen hatte er auch nicht. Aber jetzt? Wie würde er sich verhalten?

„Nein, nein", antwortete er ruhig. „Dieser Lausejunge ist der Sohn meiner Schwägerin."

Und er erzählte, wie der Junge eine Nachricht überbringen sollte, unterwegs aber krank geworden sei und bei ihnen bleiben mußte. Lang und breit schilderte Kürbelmann, wie seine Frau sieben Tage und sieben Nächte am Krankenbett gesessen habe, daß es nun wieder bessergehe, daß es aber noch seine Zeit brauche, bis er nach Hause könne, vor allem im Winter, nicht wahr? Seine Frau sei früher Krankenschwester gewesen. Die Geschichte machte bei den Deutschen Eindruck. Sie fanden anerkennende Worte für die Frau, und endlich verschwanden sie, nachdem sie zuvor Jo gute Besserung gewünscht hatten.

Als die Hintertür ins Schloß gefallen war, sprang die Moorhexe auf und küßte ihren Mann. Der fühlte sich gar nicht wohl dabei. Er saß mit gesenktem Kopf da und murmelte: „Ich bin ein Verbrecher, ein Verräter am Führer, an meinem Land und meinem Volk." Er glaubte immer noch, daß das Beschützen eines Judenjungen eine Missetat sei.

21

Familie van Buren war erschüttert, als Vater Grooten kam und von Jos Verschwinden erzählte. Besonders Herr van Buren, denn er wußte über die Kriegslage genau Bescheid. Es würde wohl nur noch zwei Monate, vielleicht auch nur einige Wochen dauern, bis Deutschland kapitulieren mußte. Er wußte auch, daß die Judentransporte aufgehört hatten. Diejenigen, die noch im Lager Westerbork waren, würden wahrscheinlich den Krieg überlegen, wenn die Nazis sie nicht im letzten Moment ermordeten. Er wußte aber auch, daß Maßnahmen getroffen worden waren, um dem zuvorzukommen.

Das Ehepaar Meier war noch im Lager. Der Gedanke, daß sie zurückkommen und Jo nicht finden würden, war so unerträglich, daß Herr van Buren und Henk am liebsten sofort losgegangen wären, um ihn zu suchen. Das war aber nicht möglich. Die Schneeverwehungen machten das Moor unzugänglich. Wenn Jo im Moor umgekommen war, würde er wahrscheinlich unter dem Schnee liegen. So schlimm der Gedanke auch war, sie mußten warten, bis alles weggetaut war.

Erst nach Tagen schickte Grooten die Nachricht, daß sie am folgenden Tag suchen könnten. Herr van Buren hätte seinen Sohn lieber zu Hause gelassen, aber der bestand darauf, mitzugehen.

Am frühen Morgen bestiegen Henk und sein Vater ihre Fahrräder. Unterwegs holten sie noch Berends ab. Vater Grooten und sein ältester Sohn erwarteten sie bereits vorm Haus.

„Wir wollen zuerst zur Höhle“, sagte Grooten. „Vielleicht finden wir dort einen Anhaltspunkt.“

Die anderen waren einverstanden, und gemeinsam begannen sie, den schmalen Moorweg entlangzulaufen. Es war mühsam, denn auf dem Weg lag doch noch Schnee, und sie sanken bei jedem Schritt bis zu den Knöcheln ein. Ihre Unruhe ließ sie allerdings die Beschwernisse vergessen.

Bei der Höhle angekommen, sahen sich Herr van Buren, Henk und Berends entsetzt an. Hatte Jo hier wirklich leben müssen? Keiner sagte ein Wort, aber alle dachten dasselbe. Was für eine schreckliche Zeit mußte der Junge erlebt haben...

Henk setzte sich auf die Bank. Er stellte sich vor, wie sein Freund dagelegen haben mußte, als der Schneesturm geheult hatte. Er konnte nachempfinden, daß es Jo am Ende wohl nicht mehr ausgehalten hatte. Er selbst war davon überzeugt, daß er keine zwei Stunden allein in der Höhle zugebracht hätte.

In der Höhle war alles so, wie Grooten es beim letzten Mal angetroffen hatte. Die Streichhölzer lagen noch auf dem Fußboden verstreut, auf dem Ofen stand der Topf mit den Erbsen.

„Ich begreife das einfach nicht", sagte Herr van Buren nachdenklich. „Er ist offensichtlich während des Unwetters fortgelaufen. Aber warum? Ich kann mir schon vorstellen, daß er ängstlich war. Aber draußen in Kälte und Schnee hätte er doch merken müssen, daß er besser in der Höhle aufgehoben war. Da hatte er wenigstens zu essen und zu heizen."

„Ich habe anfangs auch nicht verstanden", warf Grooten ein, „warum er weggegangen ist. Ich habe lange darüber nachgedacht und bin zu folgendem Ergebnis gekommen: Jo konnte den Ofen nicht anzünden, weil er keine Streichhölzer mehr hatte. Wir haben damals beim Höhlenbau wohl daran gedacht, einen Vorrat hierzulassen. Die Dinger sind aber feucht geworden. Als er das letzte Holz verbraucht hatte und die Hölzer aus der Dose nehmen wollte, brannten sie nicht. Kein Wunder, daß er in Panik geriet. Er konnte nicht mehr heizen und auch kein Essen kochen. Er mußte fort. Bei hohen Schneeverwehungen hätte er die Tür nicht mehr öffnen können. Ohne Feuer wäre er hier in der Höhle erfroren."

„Das ist er jetzt bestimmt auch." Herr van Buren seufzte.

„Wir müssen jetzt das Moor absuchen", sagte Grooten. „Wir sind zu fünft. Wenn wir im Abstand von zwanzig Metern gehen, müßten wir ihn irgendwo liegen sehen."

„In welche Richtung gehen wir denn?“ fragte Berends.
„Der Wind kam damals von Norden. Gegen den Sturm wird Jo nicht gegangen sein. Ich selbst habe damals größte Mühe gehabt. Jo wird daher mit dem Wind im Rücken gelaufen sein, also den Weg zum Dorf eingeschlagen haben. Er hat versucht, das Dorf zu erreichen, und sich dann verirrt.“
Sie gingen los. „Hier hätte Jo abbiegen müssen“, sagte Grooten, als sie an die zweite Wegkreuzung kamen, „und hier ist er wahrscheinlich weitergelaufen. Das war falsch.“
„Verstehe ich nicht“, meinte van Buren. „Warum ist der Junge dann nicht auf die Häuser zugegangen? Die sieht man von hier aus doch deutlich!“
„Ja, jetzt! Aber im Schneesturm?“
„Wenn Jo nun immer weiter gestapft ist, hätte er doch früher oder später in bewohnte Gegenden kommen müssen.“
„Ja, sicher. Ich fürchte aber, er ist gar nicht so weit gekommen. Wissen Sie, in dieser Richtung stehen gar keine Häuser. Ich meine, nicht auf niederländischem Gebiet. Wenn er noch genügend Kraft hatte, bewohntes Gebiet zu erreichen, ist er in Deutschland. Ungefähr drei Kilometer von hier verläuft die Grenze. Wenn er dort ist, finden wir ihn nie.“
„Dann ist er sowieso verloren“, meinte Henks Vater.
„Wahrscheinlich. Obwohl es in Deutschland auch Menschen gibt, die nichts gegen Juden haben. Aber: jeder Deutsche ist verpflichtet, Juden anzuzeigen. Das ist so wie bei uns, doch wir können noch was riskieren, die Verrätergruppe ist ziemlich klein. In Deutschland ist das anders, da traut einer dem anderen nicht. Wenn da bekannt wird, daß einer nicht für Hitler ist, stecken sie ihn ins Konzentrationslager. Also halten die meisten den Mund und tun so, als ob sie seine Anhänger wären. Darauf hat Hitler ja seine Macht aufgebaut, auf Angst und Verrat. Also, wenn Jo ...“
In diesem Augenblick blieb Henk stehen.
„Was ist?“ rief sein Vater, „siehst du etwas?“
„Ich weiß nicht ...“
„Wir kommen!“

„Nun, was hast du gefunden?“ fragte Grooten, als sie bei Henk waren.
„Ich habe nichts gefunden! Aber ich dachte . . . Der Torfhaufen da sieht so aus, als ob ihn jemand aufgebaut hat, um sich darauf zu setzen. Ich dachte, vielleicht . . .“
„Du könntest recht haben“, meinte sein Vater. „Jo ist natürlich erschöpft gewesen. Auf die Erde konnte er sich nicht setzen, also hat er die Torfstücke aufgeschichtet. Wer weiß?“
„Das kann schon sein“, stimmte Grooten düster zu, „Jo hätte hier im Windschatten ausruhen können.“
„Glauben Sie, daß Jo erfroren ist?“ Henk war erschrocken.
„Nein, ich hoffe es nicht. Aber wenn er weiter nach Deutschland gelaufen ist, befindet er sich jetzt bestimmt in einem Lager. Das habe ich schon befürchtet. In den letzten Tagen habe ich mich in der Umgebung umgehört, ob Jo irgendwo aufgenommen worden ist. Ich habe keine Spur gefunden. Niemand hat ihn gesehen. Also müssen wir annehmen, daß er drüben ist.“
Henk hob etwas vom Boden auf. „Schaut mal, was kann das sein?“
Vater Grooten untersuchte die kleinen Kügelchen sorgfältig.
„Ja“, sagte er, „Jo ist hier gewesen. Das sind Linsen, die durch die Feuchtigkeit aufgequollen sind. Jo hat gewiß eine Handvoll mitgenommen, für den Fall, daß er unterwegs Hunger bekommen sollte. Hier wird er davon gegessen haben. Ein paar sind dabei in den Schnee gefallen. Wir brauchen nicht weiter zu suchen. Jo ist bestimmt in Deutschland.“
„Aber wir gehen doch noch weiter?“ fragte Henk ängstlich.
Nun, nachdem sie eine Spur gefunden hatten, wollte er Gewißheit haben.
„Wir können nicht weitergehen“, antwortete Grooten. „Es hat keinen Sinn.“
„Gibt es denn gar keine Häuser mehr vor der Grenze?“ wollte Henk wissen.
„Doch, eins, eine alte Moorkate. Dort lebt die Moorhexe – so wird sie jedenfalls von den Leuten hier genannt. Wenn Jo da

angeklopft hat, ist er von vornherein verloren gewesen. Ihr Mann, sie nennen ihn hier Robinson, ist Deutscher und obendrein noch Nazi. Der hätte ihn bestimmt ausgeliefert."

„Wir können doch mal nachfragen!" schlug Henk vor.

„Gewiß! Und dann, weil wir nach einem Juden gefragt haben, von dem Mann verraten werden. Nein, Henk, das tut mir leid, das geht nicht. Es wäre für uns ein zu großes Risiko."

Doch suchten sie auf Henks Drängen hin noch weiter, bis sie ein paar hundert Meter von der Kate entfernt waren.

Dann gaben sie auf und machten sich auf den Rückweg.

Und in der Kate lag Jo und rief im Fieber nach seinen Eltern, nach Henk, Berends und Mutter Grooten.

22

Einmal über den Berg, machte Jos Gesundung rasche Fortschritte. Er war zwar noch sehr schwach, aber sein Appetit ließ nichts zu wünschen übrig. Zweimal am Tag durfte er für eine Stunde aufstehen. Aber das langweilte ihn eigentlich, denn in der Moorkate gab es keine Abwechslung. Er hätte gerne irgend etwas getan. Wenn er aber aufstand, war ihm noch sehr schwindelig, und seine Knie knickten bei jedem Schritt ein.

Robinson ging fast täglich fort. Wohin, sagte er niemals. Aber er nahm sein altes Jagdgewehr immer mit. Er zerlegte es in zwei Stücke, die er unter seiner Jacke versteckte.

Jo hatte längst mitbekommen, wovon der Mann lebte, ließ sich aber nichts anmerken. Robinson kannte alle Wege und Schleichpfade im Grenzgebiet wie seine Westentasche. Das Gebiet, in dem er wilderte, lag in Deutschland. Heimlich ging er über die Grenze, er wußte genau, wo Hasen und Fasanen zu finden waren. Die Frau sprach nie über das, was ihr Mann tat. Wahrscheinlich schämte sie sich, daß er von Wilddieberei lebte.

Die drei Wochen, in denen nach Robinsons Ansicht der Krieg zu Ende gehen würde, waren längst vorbei. Die Truppen der Alliierten rückten vor. Selbst der deutsche Rundfunk mußte zugeben, daß die Lage kritisch war.

Im Oktober 1944 hatte Hitler den „Volkssturm" ausgerufen. Alle Männer, die bisher nicht für den Militärdienst in Frage gekommen waren, wurden dazu eingezogen. Sechzehnjährige Jungen und sechzigjährige Männer wurden an Waffen ausgebildet. Gegen Kriegsende waren es dann sogar Vierzehnjährige, und mit der Altersgrenze nach oben hin nahm man es auch nicht so genau. Jeder, der ein Gewehr tragen konnte, mußte das Vaterland gegen die Feinde verteidigen.

Das war auch Robinsons Meinung. Er bedauerte es sehr, daß er selbst nicht am Kampf teilnehmen durfte, aber leider war er zu alt, um angenommen zu werden. Wie gern hätte er mitgemacht, um als Frontsoldat Ehre einzulegen und für den Führer zu sterben, wenn es sein mußte. Schade, drei Jahre, drei lächerliche Jahre, war er zu alt.

Und Kürbelmann kam doch zum Volkssturm. In einem Dorf jenseits der Grenze war er vom Bürgermeister gesehen worden, der sich plötzlich erinnerte, daß Kürbelmann noch immer Reichsdeutscher war. Der Bürgermeister war Jäger, und er wußte auch, daß Kürbelmann ein Wilddieb war. Das schien eine gute Gelegenheit zu sein, einen Wilderer loszuwerden und den Volkssturm um einen Mann zu bereichern. Und um was für einen Mann!

Der Bürgermeister hatte Robinson auf die Schulter geklopft und gesagt, er sei stolz, Kürbelmann zu ihren Volkssturmleuten zu zählen, einer, der bereit war, für sein Land zu kämpfen und notfalls als Held zu sterben.

Doch auf einmal schien für Kürbelmann das Kämpfen, und vor allem das Sterben für den Führer, nun gar nicht mehr so verlokkend zu sein. Er durfte sich aber nicht widersetzen.

Und so schleppte er sich am nächsten Morgen in einer Uniform, die ursprünglich für einen größeren und schlankeren Mann vorgesehen war, und mit einem schweren Gewehr zu dem deutschen

Dorf, um seine Pflicht zu erfüllen.

Er wurde einem jungen Unteroffizier zugeteilt, einem kleinen Burschen mit einer großen Stimme, der ihm unmißverständlich bedeutete, er habe seinen Befehlen sofort zu gehorchen, wenn er keine Schwierigkeiten bekommen wolle.

Der junge Unteroffizier mochte ihn nicht und setzte alles daran, ihm das Leben so schwer wie möglich zu machen.

Robinson hatte als alter Soldat mehr Geschick beim Bauen von Stellungen. Als er den Unteroffizier auf Mängel hinwies, stieß er auf Unverständnis. Der Unteroffizier setzte seinen Willen durch und ließ die Bunker und Gräben nach seinen Wünschen bauen. Er mußte es doch besser wissen als so ein alter Opa, der vor dreißig Jahren einmal Soldat gewesen war!

Eines Tages besichtigte ein höherer Offizier die Unterstände. Er fand, daß sie vollkommen wertlos waren und umgebaut werden mußten. Und zwar genau so, wie Kürbelmann es vorgeschlagen hatte. Der Unteroffizier erhielt einen Verweis, und Robinson mußte ihn ausbaden. Die unangenehmsten Arbeiten wurden ihm aufgetragen. Als er todmüde, durchnäßt und vor Kälte zitternd endlich auf seinem Strohsack lag, war er völlig fertig. Es war Sonnabend mittag, und eigentlich hätte er zum Wochenende nach Hause gehen dürfen. Doch er schaffte den Weg nicht mehr, er war zu erschöpft.

Augenblicklich schlief er ein. Nach zwei Stunden erschien der Unteroffizier und wollte kontrollieren, ob die Strohsäcke auch ordentlich hergerichtet waren. Vor allem samstags ließ das immer zu wünschen übrig. Die Leute wollten gern nach Hause und waren dann nicht immer so sorgfältig.

Da fiel sein Blick auf Robinson. Sofort beschloß er, dem noch eins auszuwischen. Er schüttelte ihn heftig an den Schultern und schnauzte: „He, Sie, Kürbelmann! Was soll das heißen?"

Mühsam öffnete Robinson seine Augen. „Ich bin müde", gähnte er und schlief wieder ein.

„Müde? Ein Frontsoldat, der müde ist? Stehen Sie auf! Aber schnell!"

Jetzt war Robinson hellwach. Wut stieg in ihm hoch, aber der absolute Gehorsam, der ihm als altem Soldaten zur zweiten Natur geworden war, zwang sie nieder.

Er versuchte aufzustehen und Haltung anzunehmen. Das glückte ihm nicht ganz. Sein Vorgesetzter verglich ihn mit einem Kartoffelsack. Dann wurde er plötzlich freundlich.

„Aha“, sagte er. „Müde sind Sie. Das verstehe ich. Sie mußten heute hart arbeiten. Aber dagegen habe ich ein gutes Mittel! Passen Sie mal auf: Die Latrinen sind nicht sauber. Das ist eine schöne Arbeit für Sie. In zwei Stunden ist Ihre Müdigkeit weg. Dann können Sie nach Hause gehen. Verstanden?“

„Aber“, stotterte Kürbelmann, „es ist . . ., ich habe . . . es ist Sonnabend nachmittag!“

„Und?“

„Feierabend – wir haben dienstfrei!“

„Ich höre immer dienstfrei! Was heißt hier dienstfrei? Ein Soldat ist immer im Dienst!“

Jetzt verlor Robinson die Beherrschung. Seine Müdigkeit war wie weggeblasen. Er sah nur noch das grinsende Gesicht seines Quälgeistes. Wochenlang aufgestauter Haß brach durch. Bevor ihm bewußt wurde, was er tat, hatte er dem Unteroffizier einen Kinnhaken verpaßt, so daß dieser über die Strohsäcke taumelte. „Verdammt noch mal!“ fluchte er, als er sich wieder aufrichtete. In dem Moment erhielt er einen zweiten Kinnhaken. Er fiel gegen die Tür, die aufsprang, und stürzte auf nicht gerade heldenhafte Weise nach draußen, genau vor die Füße eines Wachtposten.

Brüllend sprang der Unteroffizier auf, zog seine Pistole und rannte in den Schlafsaal. Zwei, drei Schüsse . . . Dann trat er wieder hinaus. Der Posten erhielt den Befehl, den Leichnam zu holen und den Schlafsaal zu reinigen.

Dann benachrichtigte der Unteroffizier seinen Vorgesetzten, der in der Nachbarstadt stationiert war.

Zwei Stunden später erschien er. Der Unteroffizier erzählte ihm, wie ihn der Volkssturmmann Kürbelmann plötzlich überfallen habe, so daß er ihn schließlich in Notwehr habe erschießen müssen. Zeugen gab es nicht. Der Offizier stellte fest, daß Kürbelmann, der nach Aussage des Unteroffiziers ein unzuverlässiger Mann und vielleicht sogar ein Kommunist gewesen war, seine verdiente Strafe bekommen habe.

Noch am selben Abend wurde Heinrich Kürbelmann auf dem kleinen Friedhof in der Ecke der Namenlosen und Volksfeinde begraben.

23

Die Moorhexe sorgte sich nicht sehr, als ihr Mann nicht nach Hause kam. Er hatte ihr gesagt, wenn der Feind nahte, könnte er möglicherweise für Wochen nicht nach Hause kommen.

Und die Alliierten rückten näher. Sie hatten schon zum großen Verdruß der Niederländer einen Teil von Westfalen erobert.

Die Zustände in den Niederlanden, besonders im Westen, waren unerträglich geworden. Tag für Tag verhungerten Menschen, und viele starben im Kriegsgeschehen. Sollten die Engländer, Kanadier und Amerikaner doch erst die Niederlande befreien! Danach wäre immer noch Zeit, mit den Deutschen abzurechnen. Das war die Meinung der Niederländer. Aber das Oberkommando der Alliierten mußte den Weg gehen, der die wenigsten Opfer forderte.

Im besetzten Teil der Niederlande waren ziemlich viele Soldaten, die nur eine kurze Frontlinie verteidigen mußten, wenn die Alliierten vorrückten. Deren Heeresleitung befürchtete, daß diese Verteidigung aber vielen Holländern, Tausenden vielleicht, das Leben kosten würde. Das konnte und durfte man nicht riskieren.

Die einzige Möglichkeit war es daher, die deutschen Truppen einzuschließen und ihren Rückzug zu verhindern. Nur über See konnten sie noch entkommen, dazu fehlten ihnen aber die Schiffe.

Sie hätten auch nirgends an Land gehen können, ohne sich in Kriegsgefangenschaft zu begeben. Das aber begriff die niederländische Bevölkerung nicht. Viele urteilten hart über die Alliierten, von denen sie sich im Stich gelassen fühlten.

Die Moorhexe und Jo ahnten von all dem nichts. Robinson hatte ihnen erzählt, daß deutsche Städte sich kampflos ergeben und Millionen deutscher Bürger beim Herannahen der Alliierten weiße Fahnen zum Zeichen der Unterwerfung herausgehängt hätten. Das beruhigte die Frau. Sie war überzeugt, daß auch in den Grenzdörfern nicht gekämpft werden würde.

So vergingen zwei Wochen. Seitdem Jo bei ihr war, hatte die Moorhexe nicht mehr im Dorf eingekauft. Daher hatten sie, außer den Berichten von Robinson, nichts mehr vom Krieg gehört, denn so tief ins Moor kam keine Menschenseele, auch kein Postbote, und schon gar nicht im Winter.

Die Moorhexe hatte deshalb mit dem Kaufmann eine Absprache getroffen. Er bewahrte ihre Post auf, und die holte sie bei ihren gelegentlichen Einkäufen ab.

Jetzt, da Jo wieder vollkommen gesund war und die Ziegen melken und die Schweine füttern konnte, wollte sie wieder einmal ins Dorf gehen, um Lebensmittel und die Post zu holen.

Beim Kaufmann fand sie einen Brief vom Kriegsministerium vor. Sie steckte den Brief ungeöffnet in die Tasche, erledigte ihre Einkäufe und war eine Stunde später wieder zu Hause.

Sie öffnete den Brief in der Annahme, er würde etwas über den Wehrsold ihres Mannes enthalten. Aber es war ein vorgedruckter Brief, in dem mitgeteilt wurde, daß Heinrich Kürbelmann in Erfüllung seiner Pflicht für Führer und Vaterland am 20. März 1945 gefallen war.

Das war zuviel für die Frau. Alles drehte sich vor ihren Augen. Ihr Mann – Heinrich – tot! Das ging doch nicht, das konnte doch nicht wahr sein! Stumm gab sie Jo den Brief. Sprechen konnte sie nicht, und Tränen hatte sie auch nicht.

Jo entzifferte den Text mit einiger Mühe. Er fand keine Worte. Es war alles so unvorstellbar, so unglaublich. Im Grenzgebiet waren keine Gefechte gewesen. Man hätte bei den kurzen Entfernungen auch Schüsse hören müssen. Wie konnte Kürbelmann dann gefallen sein? Ein Unglück vielleicht? Oder ein Irrtum? Eine Namensverwechslung etwa? Schließlich gab es den Namen Kürbelmann im Grenzgebiet häufiger. Aber die Ungewißheit...

„Ich gehe heute mittag über die Grenze, sagte schließlich die Moorhexe energisch.

„Aber das geht doch nicht! Nur bei Coevorden und Ter-Apel sind Übergänge. Das sind vier Stunden zu Fuß!"

„Da gehe ich natürlich nicht hinüber. Ich gehe schwarz über die Grenze. Die Wege kenne ich so gut wie mein Mann. Vor dem Krieg habe ich sie oft benutzt."

„Wenn sie dich aber schnappen, ohne Paß und Erlaubnis?"

„Ich gehe nicht zum Bürgermeister. Ich kenne da eine Menge Leute, die sich für mich erkundigen können." Einen Augenblick schwieg sie. „Und wenn sie mich anhalten", ergänzte sie verbittert, „werden sie der Frau eines tapferen deutschen Soldaten doch keine Schwierigkeiten machen."

Gleich nach dem Essen machte sie sich auf den Weg. Zwei Stunden später war sie wieder zurück. Eine gebrochene Frau.

„Er ist wirklich tot", stöhnte sie. „Sie haben ihn ermordet." Dann sank sie bewußtlos auf einen Stuhl.

Jo wußte keinen Rat. Eine Zeitlang saß er regungslos bei der ohnmächtigen Frau. Was sollte er tun? Schließlich holte er einen Eimer Wasser und begann, Puls und Stirn vorsichtig zu befeuchten. Das hatte Lehrer Klasen bei Willem Pool nach der Rauferei auf dem Schulhof auch so gemacht. Henk hatte es ihm erzählt.

Doch es half nichts. Länger als eine Viertelstunde mühte er sich ab, und er wollte gerade aufgeben, als die Moorhexe die Augen aufschlug. Jo gab ihr zu trinken, aber ihr zahnloser Mund zitterte so, daß das Wasser mehr neben als in den Mund floß. Doch langsam wurde die Frau ruhiger, und Jo erfuhr nach und nach die ganze Geschichte.

Mit viel Mühe überredete Jo die Frau, ins Bett zu gehen. Sie war völlig fertig.

Am nächsten Morgen war sie krank. Äußerlich fehlte ihr nichts, aber sie fühlte sich so elend, daß sie nicht aufstehen konnte. Als sie am Mittag zur Toilette ging, mußte Jo sie stützen.

Auch am nächsten Tag besserte sich ihr Zustand nicht. Im Gegenteil. Die Frau wurde von Tag zu Tag schwächer. Jo tat sein Bestes. Tag und Nacht kümmerte er sich um sie, aber ihr Zustand verschlimmerte sich. Sie aß nichts mehr, sondern nahm nur noch ab und zu einen Schluck Ziegenmilch zu sich.

Ein Arzt mußte kommen. Aber wer sollte ihn holen? Jo?

Die Frau wollte nichts davon wissen. Der Gedanke, daß Jo möglicherweise geschnappt werden würde, regte sie furchtbar auf.

Am achten Tag war sie fast ständig ohne Bewußtsein. Wenn sie die Augen aufschlug, schien sie Jos Anwesenheit gar nicht mehr zu bemerken.

Da faßte Jo seinen Entschluß. Er stellte neben ihrem Bett alles bereit, was sie vielleicht benötigen würde. Danach ging er leise hinaus und rannte so schnell er konnte los.

Nach einer Dreiviertelstunde kam er atemlos im Dorf an. Und da? Jo traute seinen Augen nicht.

Auf dem Kirchturm, an allen Häusern, überall wehten Fahnen. Einige mit, andere ohne Oranienwimpel. Auf der Straße standen viele Menschen mit fröhlichen Gesichtern.

Und dann sah Jo Uniformen. Ängstlich schaute er sich um. Wo konnte er sich verstecken?

Doch plötzlich hatte er begriffen, daß die Befreiung endlich Wirklichkeit geworden war. Auf einmal begann sich alles um ihn zu drehen, und schluchzend ließ er sich ins Gras am Kanalufer fallen.

Die Befreiung! Er konnte sich wieder zeigen!

Inzwischen waren die Dorfbewohner auf den weinenden Jungen aufmerksam geworden. Ein Kreis von Menschen bildete sich um ihn. Es war klar, dieser Junge in den verschlissenen und viel zu kleinen Kleidern mußte ein Opfer der Nazis sein. Vermutlich war er aus Deutschland geflohen.

Alle wollten ihm helfen. Von allen Seiten wurden ihm die

Hände gedrückt. Jo hatte nur einen Wunsch: einen Arzt, sofort.

Der wohnte ziemlich weit weg, aber einer der Männer brachte ihn auf seinem Fahrrad zu dessen Haus. Auch der Arzt hatte sich monatelang verborgen halten müssen und war erst am Vortag zurückgekommen.

Als Jo ihm erzählte, wie er von der Moorhexe aufgenommen worden war, wie sie Tag und Nacht an seinem Bett gesessen und ihn gesundgepflegt hatte, zögerte er nicht lange. Er band seine Taschen hinten auf sein Rad, Jo lieh sich eines von einem Nachbarn, und dann fuhren sie los.

Seit Monaten war Jo nicht mehr Fahrrad gefahren. Jetzt, in seinem schwachen Zustand, wurde ihm die Strecke entsetzlich lang. Aber er hielt durch. Das Leben seiner Pflegemutter stand schließlich auf dem Spiel.

Nach einer halben Stunde kamen sie bei der Kate an. Die Moorhexe war bei Bewußtsein. Sie sollte auf Anordnung des Arztes noch am selben Tag in dessen Haus weggebracht werden.

„Ich verstehe nicht", sagte der Arzt, als Jo ihn hinausbrachte, „wie du hier so lange leben konntest. Diese Umgebung und diese Verwahrlosung . . ."

„Sie haben mein voriges Versteck nicht gesehen, Herr Doktor", antwortete Jo. „Verglichen damit ist dieses hier ein Palast. Und sie hat mich hier gepflegt, als ich todkrank war. Die Frau ist wie eine Mutter zu mir gewesen."

„Jetzt verstehe ich dich", sagte der Arzt und fuhr weg. Zwei Stunden später kam ein Bauer mit einem Wagen, auf dem ein eisernes Bett stand, und holte die Moorhexe ab.

Der Bauer wollte Jo überreden, mitzufahren. Aber der wollte nicht. Jemand mußte sich doch um die Tiere kümmern. Doch der Bauer wußte Rat. Er würde später noch einmal zurückkommen, die Ziegen, Schweine und Banko auf seinen Wagen laden und sie in seinen Stall bringen. Jo schlief in dieser Nacht im Haus des Bauern. Zum ersten Male seit vielen, vielen Monaten lag er in einem weichen Bett, auf einem weißen Laken und unter einer kuscheligen Decke.

24

Am nächsten Morgen wurde er nur langsam wach. An das, was sich am Vortag ereignet hatte, konnte er sich kaum erinnern. Es war alles so verwirrend schnell gegangen: daß er mit fremden Menschen gesprochen hatte, daß sie ihm geholfen hatten, ohne viel zu fragen, wer er war, daß Juden nicht mehr wie Verbrecher behandelt wurden...

Er sah sich um und konnte sich über das schöne Zimmer und das bequeme Bett nicht genug wundern.

Monat um Monat, Woche um Woche hatte er sich nach der Freiheit gesehnt. Und nun?

Es war alles so unwirklich, so unvorstellbar, er meinte zu träumen. Bald würde er wieder auf seiner Bank in der Moorkate aufwachen!

Plötzlich sprang er aus seinem Bett. Nein, er träumte nicht! Es war Wirklichkeit! Er war ein freier Mensch in einem freien Land!

Er konnte zurück in sein Dorf, zu seinen Eltern! Wenn die noch... Eine schreckliche Angst überfiel ihn. Wenn die nun nicht mehr zurückgekommen waren? Wenn er ein leeres Haus vorfinden würde?

Unzählige Male hatte er in den letzten Monaten in Wunschträumen seine Befreiung erlebt. Befreiung bedeutete für ihn ein Wiedersehen mit seinen Eltern.

Und nun fiel ihm plötzlich ein, daß es auch anders kommen könnte. Die Gedanken lähmten ihn. Eine Zeitlang saß er ganz still auf seinem Bett und starrte vor sich hin. Doch dann faßte er wieder Mut. Gewiß war es möglich, daß seine Eltern umgekommen, aber ebenso auch, daß sie am Leben geblieben waren.

In der Kammer war es noch dämmrig. Jo zögerte, die Vorhänge aufzuziehen. Man würde ihn vom Weg aus sehen können. Noch immer vergaß er, daß er jetzt solche Dinge tun konnte und durfte. Es kostete ihn dennoch Mühe und Überwindung.

Und dann – erstaunt sah Jo hinaus. Noch nie war ihm die Welt so schön vorgekommen. Ein strahlender Frühlingstag! Die Sonne schien. Ein paar kleine Mädchen spielten auf dem Hof. Jo sah ihnen zu. Wie lange war es her, daß er so etwas gesehen hatte? Er wußte es nicht.

Etwas weiter weg tummelten sich ein paar Kälber auf einer Weide, und ganz hinten sah er den Bauern, der gerade säte. Mit ruhigen Schritten ging der Mann über seinen Acker.. Jedesmal, wenn er sein linkes Bein aufsetzte, nahm er eine Handvoll Saat aus dem Tuch vor seinem Bauch und streute sie mit weit ausholenden Armbewegungen aus.

Lange sah Jo aus dem Fenster über die sonnenüberflutete Landschaft, und unwillkürlich erinnerte er sich wieder an die entsetzlichen Monate, die hinter ihm lagen.

Da kam ein Jeep um die Ecke, in dem zwei Soldaten saßen. Uniformen! Gefahr! Jo starrte auf den Wagen. Dann duckte er sich unter die Fensterbank. Minutenlang rührte er sich nicht.

Da klopfte es an die Tür. Jo brachte kein Wort heraus. Mit erschrockenen Augen blickte er zur Tür, die langsam geöffnet wurde. Er war blaß geworden, und der Angstschweiß stand ihm auf der Stirn.

Die Bäuerin kam herein. „Aber Junge, was ist denn? Fehlt dir etwas?“

„Soldaten!“ schrie Jo. „Zwei Soldaten!“

„Natürlich sind da draußen Soldaten. Zum Glück! Wenn die nicht da wären, würden die Deutschen immer noch unser Land besetzt halten.“

Jo brach in Tränen aus. Er konnte nicht alles auf einmal begreifen. Gestern noch war er angsterfüllt ins Dorf gegangen, um einen Arzt zu holen, und jetzt . . .

Voller Mitleid nahm ihn die Bäuerin in ihre Arme. Sie ahnte, was der Junge durchgemacht haben mußte.

„Nur zu, mein Junge“, flüsterte sie gerührt, „nur zu, wein dich mal richtig aus, das tut gut."

Bald wurde Jo ruhiger, seine Schultern zuckten nicht mehr, er schluchzte nur noch ab und zu. Er wollte etwas sagen.

„Ich ... ich ... ich kann nichts dazu. Es ist nur ..." Wütend biß er die Lippen zusammen, um nicht aufs neue loszuheulen.

„Beruhige dich", sagte die Bäuerin, „ich verstehe dich ja. Aber jetzt bist du frei und in guten Händen. Ich wollte gerade nachsehen, ob du schon wach bist. Es ist schon spät, fast zehn Uhr. Also, beeil dich ein bißchen und komm herunter. Du mußt doch etwas essen. Was möchtest du lieber, Kaffee oder Tee?"

„Kaffee? Haben Sie denn Kaffee und Tee? Echten?"

„Ja", antwortete die Frau, „von den kanadischen Soldaten gekriegt. Schon seit einer Woche trinken wir das."

„Eine Woche! Aber ... das kann doch nicht sein!"

„Warum denn nicht?" fragte die Bäuerin.

„Aber dann, dann war die Frau, bei der ich wohnte, damals war sie doch hier im Dorf, und da waren ..."

„... die Deutschen noch hier", ergänzte die Frau. „Das kann hinkommen. Am Vormittag waren wir noch besetzt. Nachmittags gegen drei wurden wir dann befreit."

Jo war sprachlos. Seit einer Woche war das Dorf schon befreit, und hinten im Moor hatte man nichts davon gewußt. Schon vor einer Woche hätte er den Arzt holen können, wäre er völlig sicher gewesen. Weil er so spät gegangen war, mußte die Pflegemutter vielleicht sterben.

„Wasch dich erst einmal und komm dann nach unten", forderte ihn die Bäuerin auf.

Im Zimmer gab es einen Waschtisch und eine Waschschüssel mit klarem Wasser. An der Wand hing ein Waschlappen und, welch ein Luxus, ein blütenweißes Handtuch. Sogar ein kleines, herrlich duftendes Stück Seife und ein Kamm waren vorhanden! Und einen Spiegel gab es auch. Jo hatte völlig vergessen, daß es so etwas überhaupt noch gab.

Der Junge mit dem fremden Gesicht, den schulterlangen, schwarzen Haaren, war er das? War das wirklich Joel Meier? Er konnte sich das kaum vorstellen. Als er bei Berends gewesen war, hatte der Bauer regelmäßig seine Haare geschnitten. Und er hatte es wirklich gründlich getan. Später hatte Mutter Grooten versucht, mit einer großen scharfen Schere etwas Schwung in seine Frisur zu bringen. Viel Erfolg hatte sie damit nicht gehabt. In der Moorkate war dann gar nichts mehr daran getan worden. Da hatte es nicht einmal einen Spiegel gegeben, so daß Jo nicht ahnen konnte, wie er aussah. Aber das hatte ihn nicht gekümmert. Er hatte gelernt, daß es wichtigere Dinge gab als einen ordentlichen Haarschnitt.

Das Waschen empfand er als eine Wohltat. Die herrlich schäumende Seife, das klare Wasser.

Als er nach unten kam, erwartete ihn bereits ein Frühstück. Und was für ein Frühstück! Frisches Brot, Butter, Käse, ein Ei, ein großer Honigtopf. Honig mochte Jo besonders gern. Herrlich! Lange hatte es ihm nicht so gut geschmeckt, und schnell hatte er mehrere Butterbrote verschlungen.

Als er satt war, wäre er gern sofort ins Dorf zum Arzt gegangen, um etwas über die Moorhexe zu erfahren. Aber er mußte zunächst der Bäuerin seine Geschichte erzählen. Zum Teil war sie ihr durch ihren Mann schon bekannt. Aber sie wollte noch einmal alles von ihm selbst erfahren.

Am späten Vormittag konnte er dann gehen. Er mußte jedoch ausdrücklich versprechen, daß er wiederkommen würde, wenn er an diesem Tag noch nicht nach Haus könnte.

Eine Viertelstunde später klingelte er bei dem Arzt.

Seine Frau, eine freundliche Dame, öffnete ihm. Zuerst schaute sie den verwahrlosten Jungen etwas erstaunt an. Dann ahnte sie aber, wer er war.

„Du bist bestimmt Jo und willst nach der Patientin sehen?“

„Wenn ich darf, ja!“

„Natürlich. Sie hat schon ein paarmal nach dir gefragt. Komm herein.“

Sie ging voran und führte ihn durch einen langen Gang, an dessen Ende sie eine Tür öffnete.

„Geh ruhig hinein", flüsterte sie, „denk aber daran, daß sie noch sehr schwach ist. Sie darf nicht viel sprechen." Und dann schloß sie leise hinter ihm die Tür.

Jo sah sich um. Die Frau da, in dem großen weißen Bett, war das seine Pflegemutter?

Unglaublich! Sie hatte ein schönes Nachthemd an, war gewaschen, und ihr Haar war hübsch zurechtgemacht. Das hagere Gesicht erschien Jo nun beinahe schön. Man konnte jedoch erkennen, daß es ihr nicht gutging.

Sie lächelte, als sie Jo erkannte. Sie nahm seine Hände und flüsterte: „Tag, Jo, Tag, mein Junge. Ich bin so froh, daß du da bist, daß du wieder nach Hause gehen kannst. Ich weiß nicht, ob es mir mal wieder besser gehen wird. Weißt du, ich bin dir sehr dankbar, Jo. Die letzten Monate bin ich so glücklich gewesen, glücklicher war ich niemals nach dem Tode meines kleinen Wilhelm." Sie brach ab. Tränen traten in ihre Augen.

Gerührt beugte Jo sich über sie und küßte sie auf die Stirn. „Natürlich wirst du gesund", flüsterte er, „und dann kommst du zu uns und wohnst bei uns. Ich brauche doch meine Pflegemutter."

Die Frau lächelte schwach, gab ihm aber keine Antwort. Lange Zeit blieb Jo an ihrem Bett sitzen und hielt ihre Hand. Als der Arzt ins Zimmer kam, war sie schon wieder eingeschlafen. Er fühlte ihren Puls, dann schüttelte er besorgt den Kopf.

„Komm, Jo, laß sie schlafen. Das ist für sie die beste Medizin."

„Was meinen Sie", fragte Jo den Arzt, als sie sich im Sprechzimmer gegenüber saßen, „wird sie . . ." Sterben wollte er noch sagen, bekam das Wort aber nicht über die Lippen.

„Ich weiß es nicht, mein Junge. Sie ist sehr geschwächt, das hast du selbst gesehen. Sie müßte Mut zum Leben haben. Ich kann mir vorstellen, daß sie . . . wenn sie . . . allein in der Kate . . ." Der Arzt schüttelte den Kopf.

„Was hast du denn nun vor, Jo? Du willst bestimmt so bald wie möglich nach Hause."

„Ja, gerne. Aber ich weiß ja nichts von meinen Eltern. Ich weiß nicht, ob . . . Ich weiß überhaupt nichts", schluchzte er auf einmal.

„Ich traue mich einfach nicht nach Hause, denn . . .“

„Deine Eltern leben und sind gesund“, unterbrach ihn der Arzt.

„Was?“ schrie Jo. „Wissen Sie es auch sicher? Ganz sicher?“

„Ja doch, Junge!“

„Haben Sie bei uns angerufen?“

„Nein, das geht noch nicht. Das Telefon ist noch nicht in Ordnung. Aber hier im Dorf ist ein kanadischer Offizier stationiert. Dem habe ich alles erzählt, und er hat heute morgen einen Soldaten in dein Dorf geschickt. Daher wissen wir, daß alles in Ordnung ist.“

Er schwieg. Von weitem hörte man das Geräusch eines Motors. Das Geräusch schwoll an, und dann hielt ein Wagen vor dem Haus. Jo hörte es nicht, er war noch so sehr mit der wunderbaren Nachricht beschäftigt. Er hörte auch nicht, daß die Eingangstür geöffnet und einige Besucher eingelassen wurden.

„Nachdem der Soldat zurückkam“, setzte der Arzt seinen Bericht fort, „ist der Offizier selbst ins Dorf gefahren. Wenn alles wie geplant verlaufen ist, dann . . .“ In diesem Augenblick wurde die Tür des Sprechzimmers geöffnet, und die Arztfrau schaute herein. Sie nickte ihrem Mann zu und zog dann die Tür vorsichtig wieder zu.

„Ja“, fuhr er fort, „bereite dich jetzt auf eine Überraschung vor, Jo, und komm mit.“

Er stand auf und führte Jo ins Wohnzimmer. Sachte schob er ihn hinein und schloß die Tür wieder hinter ihm. Einen Augenblick war es still im Raum. Dann hörte man Jos Freudenschrei und schnelle Schritte.

Der Arzt stand bewegt bei seiner Frau im Sprechzimmer. „Es gibt Glücksstunden, die zu groß sind, als daß Fremde daran teilnehmen sollten!“

Da er auch untergetaucht gewesen war, wußte er, was es heißt, befreit zu werden, zurück zur Familie, nach Haus zu kommen.

Lange, sehr lange blieben Jo und seine Eltern im Zimmer. Sie hatten sich so viel zu erzählen. Als sie endlich auf den Flur traten, hatten alle drei rote Augen und glückliche Gesichter.

Jos Eltern mußten selbstverständlich auch die Moorhexe kennenlernen. Lange durften sie bei ihr nicht bleiben, dazu war sie zu schwach. Aber sie wollten sich für alles bedanken, was sie für Jo getan hatte.

Als sie wieder im Wohnzimmer waren, meinte der Arzt: „Tja, wissen Sie, diese Patientin will einfach nicht mehr leben. Sie sieht keinen Sinn mehr darin. Eine Familie hat sie nicht. Wenn nun auch Jo weggeht, wird sie allein in der armseligen Kate wohnen. Jo wird ihr sehr fehlen. Sie hängt so an dem Jungen."

„Sie muß ihn nicht vermissen", sagte Jos Vater lachend. „Unser Sohn hat das schon geregelt. Sie kommt zu uns."

„Was sagen Sie da?"

„Ja, genau so ist es! Jo hat mit ihr schon abgemacht, daß sie bei uns wohnen wird. Wir haben nichts dagegen. Im Gegenteil, wir sind froh, ihr unsere Dankbarkeit zeigen zu können. In der Nachbarschaft gehört uns ein Haus. Es ist nicht groß und etwas heruntergekommen. Wir werden es renovieren. Für sie ist es genau das Richtige. Die Frage ist nur, wird sie wieder gesund werden? Was meinen Sie?"

„Heute morgen hatte ich noch keine Hoffnung. Aber wenn sie weiß, daß sie nicht mehr in die Kate zurück muß und obendrein noch Jo in ihrer Nähe hat . . . Wirklich, in meinem Arzneischrank ist keine Medizin, die ihr besser helfen würde!"

Jetzt, nachdem Jo seine Eltern wiederhatte, wollte er auch gern nach Hause. Der Offizier hatte für die Rückfahrt einen Jeep zugesagt. Er schickte einen Fahrer, und nach einem herzlichen Abschied fuhren sie los. Doch sie machten noch einige Umwege.

Zuerst wollte sich Jo bei der Bäuerin bedanken, die ihn so gastfreundlich aufgenommen hatte. Dann schauten sie noch bei Grootens vorbei.

Elsje entdeckte Jo zuerst. Sie sah ihn erstaunt an, dann rannte sie ins Haus und schrie: „Der Jockel! Mama, Papa, der Jockel ist da!" Die ganze Familie war sprachlos. Das war ein Wiedersehen! Grooten hatte es zwar nie ausgesprochen, aber er war überzeugt gewesen, daß Jo damals erfroren war.

Lange konnten sie nicht bleiben, denn Jo wollte auch noch Berends besuchen. Die ließen sie fast gar nicht mehr weg. Nicht nur, weil das Ehepaar sich so freute, daß Jo noch am Leben war, sondern auch, weil die Hunde mit ihm herumtobten. Sie hatten ihren Spielkameraden noch nicht vergessen.

Endlich kamen sie in ihrem Dorf an. Jo machte große Augen. Wie schön das Dorf war! Überall hingen Fahnen und Girlanden, und die Menschen feierten noch immer die Befreiung.

Schließlich erreichten sie ihr Haus, aber nicht ein leeres Haus. Die Nachbarn, das Ehepaar Klasen und eine Menge Bekannte erwarteten sie schon ungeduldig.

Auch hier war alles mit Blumen geschmückt. Jo fand es herrlich. Doch er vermißte jemanden.

Henk war nicht da, und das enttäuschte ihn.

„Ach ja", sagte Henks Vater, als Jo ihn fragte, „das habe ich in dem Begrüßungstrubel völlig vergessen! Henk wartet am Dorfeingang auf dich. Aber ihr seid ja aus der anderen Richtung gekommen. Warte mal, da kommt er gerade."

Jo rannte hinaus. Auf der Schwelle blieb er stehen und legte seine Hände an den Mund: „Henk! Hallo, Henk!"

Henk erkannte ihn und setzte zu einem Spurt an. Jo lief ihm entgegen.

Dann standen sie sich gegenüber. Sie waren verlegen wie an dem Abend, als Jo fliehen mußte.

„Mensch", stammelte Henk. „Mensch", sagte Jo. Weiter nichts. Das Wiedersehen verschlug ihnen die Sprache. Dann steckte Jo seine Hand in die Hosentasche und sagte: „Dein Messer! Hier hast du dein Messer zurück!"

„Vielen Dank, und du kriegst deine Kaninchen auch wieder. Sie sind bei uns hinten im Garten. Und Mies hat Junge. Sechs! Schöne weiße mit roten Augen. Komm, wir schauen sie uns an."

„Einverstanden. Mal sehen, wer der erste ist!"

„Na los!" rief Henk, "ich zähle: eins, zwei, drei!"

Sie liefen los, am Haus vorbei, nach hinten in den Garten, wo die Kaninchenställe standen.

Zur Information:

Nationalsozialismus
Bezeichnung für eine politische Bewegung, die nach dem Ersten Weltkrieg entstand. Sie wurde geprägt durch Adolf Hitler, der sehr bald an die Spitze der Nationalsozialistischen Arbeiterpartei (NSDAP) trat und sie als „Führer“ bis zu seinem Tode im Jahre 1945 leitete. Die Nationalsozialisten waren nach dem Vorbild des italienischen Faschismus organisiert. Sie bildeten militärisch zusammengefaßte Sturmabteilungen (SA) in braunen Hemden, zu denen später noch die schwarz uniformierten Schutzstaffeln (SS) kamen. Als Parteiabzeichen führten sie das Hakenkreuz, das ihren Glauben an die Lehre von der Überlegenheit der nordischen („arischen“) Rasse ausdrücken sollte. Sie forderten Ausschaltung und Vernichtung der Juden, Kampf gegen Liberalismus, Kommunismus und Demokratie und wandten sich auch gegen das Christentum. Nach der Machtübernahme durch Hitler im Jahre 1933 wurde die NSDAP die einzige Partei in Deutschland. Das hemmungslose Machtstreben der Nationalsozialisten führte schließlich zum 2. Weltkrieg und zur völligen Niederlage Deutschlands. Die Führer der Partei begingen zumeist Selbstmord, oder sie wurden in Gerichtsverfahren zum Tode oder schweren Freiheitsstrafen verurteilt. Die Partei wurde aufgelöst und verboten.

Adolf Hitler (1889–1945)
Österreicher, nahm als Gefreiter am 1. Weltkrieg teil. Seit 1919 war er Mitglied der Nationalsozialistischen Deutschen Arbeiter-Partei (NSDAP) und baute sie an führender Stelle auf. 1923 wurde er bei einem mißglückten Versuch, die Staatsgewalt an sich zu reißen, verurteilt. In der einjährigen Haft (Landsberg) verfaßte er

das Buch „Mein Kampf". Nach der Entlassung 1925 gründete er die NSDAP neu und macht die Organisation dieser Partei zu ihm ergebenen Kampftruppen. 1932 erhielt er die deutsche Staatsbürgerschaft. 1933, zum Reichskanzler ernannt, schaltete er das gesamte politische, wirtschaftliche und kulturelle Leben gleich und errichtete eine Diktatur. Er verstieß in jeder Weise gegen die Menschenrechte (z. B. Judenverfolgung). Mit dem Angriff auf Polen (1939) löste er den 2. Weltkrieg aus, in dem er nach anfänglichen Erfolgen nach drei Jahren schwere Rückschläge erlitt, die seinen Fanatismus und Machtwillen ins Maßlose steigerten. Als Befehlshaber der Armee erteilte er immer sinnlosere Befehle, die 1945 in seiner Anweisung gipfelten, Deutschland vor den anrückenden feindlichen Truppen in „verbrannte Erde" zu verwandeln. Sein „Drittes Reich", das tausend Jahre dauern sollte, zerfiel in Trümmer. Er selbst endete 1945 durch Selbstmord in Berlin. 55 Millionen Menschen waren bis dahin umgekommen.

10. Mai 1940
Deutschland greift die Niederlande an. Tausende von Juden versuchen zu fliehen, Hunderte begehen Selbstmord. Zwei Wochen später erklärt der deutsche oberste Befehlshaber, daß die Juden nichts zu befürchten haben.

April 1941
Die jüdischen Personalausweise werden mit einem großen *J* gekennzeichnet.

Mai 1941
Jüdische Ärzte dürfen keine christlichen Patienten mehr behandeln.

Juni 1941
300 jüdische Jungen werden verhaftet und in das Konzentrationslager Mauthausen gebracht. Einige Wochen später treffen bei den Angehörigen Todesanzeigen ein.
Von nun an werden in allen Teilen der Niederlande Juden verhaftet und in verschiedene Konzentrationslager transportiert.

April 1942
Juden müssen ab jetzt einen handtellergroßen Stern mit der Aufschrift *Jude* tragen.

Juli 1942
Die erste große Razzia findet in Amsterdam statt. Hunderte von Juden werden verhaftet, nach Westerbork geschickt und von dort aus in Konzentrationslager nach Polen. Im ganzen Land werden von nun an Razzien durchgeführt. Jede Woche fährt ein Zug mit Verhafteten nach Deutschland. Zunächst werden noch Personenwagen eingesetzt, später sind es Güterzüge und sogar Viehtransportwagen. Ausnahmen werden nicht gemacht. Auch alte Menschen, geistig und körperlich Behinderte und Mütter mit Säuglingen werden abtransportiert.

Nach dem Attentat auf Hitler am 20. Juli 1944 werden die Transporte für kurze Zeit eingestellt, ebenso nach der Luftlandung der Alliierten bei Arnhem im September. Erst in dem kalten Winter 1944/45, als Tausende Niederländer vor Hunger und Kälte sterben, als die Bäume in den Parkanlagen für Heizzwecke trotz Verbots gefällt werden, kommen die Transporte zum Erliegen.

107 000 Juden wurden abtransportiert.
5 200 Juden kehrten zurück . . .

Titel der niederländischen Originalausgabe:
JOËL EN DE VEENHEKS

Übersetzung: Gerard Dengler
Deckelbild und Illustration: Haidrun Gschwind
Lektorat: Corinna Weise
Bestellnummer: 8272
Deutsche Ausgabe:

ISBN 3 505 08272 4

WOLFGANG GABEL

Mein Bruder heißt anders

Peter ist sauer. Da haben seine Eltern ein Pflegekind aus dem Heim aufgenommen und merken nicht, wie der Fremde sich bei ihnen einschmeichelt, wie er lügt und Peter anschwärzt, wo er nur kann. Für Peter gibt es nur eine Lösung: der Störenfried muß wieder weg!

Das Besondere dieses Buches:
Der bekannte und mehrfach ausgezeichnete Jugendbuchautor Wolfgang Gabel erzählt engagiert und einfühlsam die Geschichte eines Pflegekindes.

Schneider-Buch